Eine Bildreise

Matthias Gretzschel / Georg Jung / Ellert & Richter Verlag

Der Harz

Autoren / Bildnachweis / Impressum

Matthias Gretzschel, geb. 1957 bei Dresden, studierte nach einer Buchhändlerlehre an der Leipziger Universität evangelische Theologie. Nachdem er 1988 im Fachgebiet „Christliche Archäologie und kirchliche Kunst" promoviert hatte, war er als freier Autor und Journalist in Leipzig tätig. Heute arbeitet er als Feuilletonredakteur beim „Hamburger Abendblatt". Im Ellert & Richter Verlag erschienen seine Bücher „Die Dresdner Frauenkirche", „Dresden aus der Luft" und „Dresden – Spaziergänge" sowie in der Reihe „Eine Bildreise" „August der Starke und seine Schlösser", „Auf Martin Luthers Spuren", „Auf Johann Sebastian Bachs Spuren", „Sachsen" und „Sachsen-Anhalt".

Georg Jung, geb. 1945 im Sudetenland; Berufsausbildung im Bereich Werbung, danach Studium an der Hochschule für Bildende Künste in Berlin und anschließend an der Universität Hamburg in den Fächern Psychologie und Ethnologie. Heute arbeitet er freiberuflich als Reiseschriftsteller und Fotograf. Zu seinen Veröffentlichungen zählen mehrere Bildbände. Im Ellert & Richter Verlag erschienen bereits die Bildreisen „Rügen", „Der Darß, Fischland und Zingst", „Auf Johann Sebastian Bachs Spuren", „Mecklenburg-Vorpommern", „Auf Theodor Fontanes Spuren" und „Sachsen-Anhalt" sowie „Das große Rügen-Buch".

Titelabbildung: Der Fluß Ilse

Farbfotos: Georg Jung, Hamburg

Abbildungen im Textteil:
Bildarchiv Preußischer Kulturbesitz, Berlin: S. 6, 21, 23, 25 r., 38, 39, 51, 65 l., 72, 75
Alfred Gottwaldt, Berlin: S. 52
Georg Jung, Hamburg: S. 7, 20, 24, 25 l., 40, 84, 85 l. + r.
Harzer Schmalspurbahnen GmbH, Wernigerode: S. 53
Harzer Verkehrsverband, Goslar: S. 86
HB-Verlag, Hamburg: S. 64, 65r., 73, 74

Karte: Harz – Panoramabild: Verlag Gerhard Seichter, Rudolstadt/Gerhard Usebeck;
© mit freundlicher Genehmigung des Harzer Verkehrsverbandes e. V. Goslar

Die Deutsche Bibliothek – CIP-Einheitsaufnahme

Der Harz /
Matthias Gretzschel: Georg Jung – 4. Aufl. –
Hamburg: Ellert und Richter, 2001
(Eine Bildreise)
ISBN 3-89234-537-6
NE: Gretzschel, Matthias; Jung, Georg

Text und Bildlegenden: Matthias Gretzschel, Hamburg
Gestaltung: Büro Brückner + Partner, Bremen
Lektorat: Dorothee von Kügelgen, Hamburg
Lithographie: Offset-Repro im Centrum, Hamburg
Satz: C. H. Wäser Offset GmbH, Bad Segeberg
Druck: Girzig + Gottschalk, Bremen
Bindung: S. R. Büge, Celle

Inhalt

Der Harz ist kein spektakuläres Gebirge mit hohen Gipfeln und ewigem Eis. Hier gibt es weder Gletscher noch Lawinen, denn das Bergland, das sich in einer Breite von durchschnittlich etwa 40 Kilometern zwischen der Ebene des niedersächsischen Vorlandes und dem Thüringer Becken erstreckt, erreicht nur mittlere Höhen. 1142 Meter reckt sich der Brocken als höchster Gipfel dieses nördlichsten deutschen Mittelgebirges empor. Das Granitmassiv, aus dem er hervorwächst, bildet die Mitte des Gebirges, westlich schließt sich der Ober- und östlich der Unterharz an.

Der Harz, der eine Fläche von etwa 2 100 Quadratkilometern umfaßt, ist überwiegend von Fichten und Mischwäldern bewachsen, die von zahlreichen Gebirgsbächen durchzogen werden. Die vielfach aus Rodungssiedlungen hervorgegangenen Dörfer und Städte werden meist von Wiesen und Feldern umgeben. Als intaktes Ökosystem kann der Harz allerdings nicht mehr gelten, die Waldschäden sind – obwohl sie vom Besucher oft gar nicht wahrgenommen werden – zu einem großen Problem geworden.

Nach der Einstellung des Bergbaus hat sich seit dem späten 19. Jahrhundert neben der Forst- und Landwirtschaft der Tourismus als wichtige Erwerbsquelle entwickelt. Für die Wirtschaft ist es ein Segen, für die noch immer reiche Flora und Fauna eine Bedrohung, daß zahlreiche Harzgemeinden mit einer perfekt ausgebauten touristischen Infrastruktur Wintersport- und Wanderfreunde anlocken. Zwei Schutzgebiete, der niedersächsische „Nationalpark Westharz“ und der „Nationalpark Ostharz“ in Sachsen-Anhalt, deren spätere Zusammenführung zu einem gemeinsamen Nationalpark geplant ist, sollen die Natur schützen helfen. In einigen Kernbereichen, in denen auf jede touristische, land- und forstwirtschaftliche Nutzung verzichtet wird, soll sogar der verlorengegangene landschaftliche Urzustand zurückgewonnen werden. Natürlich steht dieses langfristig angelegte Projekt mitten im schwierigen Konflikt zwischen Tourismus und Ökologie.

Manche von Naturschützern nur schweren Herzens akzeptierten Kompromisse mußten eingegangen werden, doch auch die Fremdenverkehrsstrategen haben inzwischen erkannt, daß für ihre Zukunft die Bewahrung der natürlichen Reichtümer des Gebirges unverzichtbar ist. So bemüht sich eine „Interessengemeinschaft sanfter Tourismus“, den Fremdenverkehr so umweltverträglich wie möglich zu gestalten. Vor allem für die Gebiete der früheren DDR, die erst jetzt touristisch erschlossen werden, müssen die Fehler der Vergangenheit vermieden werden.

Kaum eine andere Region hat in Deutschland eine so lange Fremdenverkehrstradition wie dieses Gebirge. Johann Wolfgang von Goethe, Heinrich v. Kleist, Heinrich Heine, Joseph v. Eichendorff, Hans Christian Andersen und viele andere Dichter haben den Harz besucht und besungen und damit nicht nur seine Schönheiten populär gemacht, sondern auch den Mythos dieses faszinierenden Berglandes.

Der Name Harz geht sprachgeschichtlich auf „Hard“ oder „Hart“, die frühmittelalterliche Bezeichnung für Wald, zurück. Die dunklen Wälder, die den Harz ursprünglich fast vollkommen bedeckten, wurden im Lauf der Jahrhunderte zur Quelle für geheimnisvolle Überlieferungen und Sagen. Historische Tatsachen und sagenhafte Geschehnisse, Wirklichkeit und Phantasie wurden – von Generation zu Generation weitergegeben – zu dem geheimnisvollen Gespinst aus Sagen und Legenden verwoben, das das Gebirge von jeher umgibt. Heinrich I., dem angeblich am Quedlinburger Finkenherd die Königswürde angetragen wurde, oder der im Kyffhäuser schlummernde Kaiser Barbarossa gehören ebenso zur Besetzung der Harzsagen wie die namenlosen Hexen vom Brocken oder aus Thale, wie Ritter und Berggeister, Riesen und Zwerge. Die meisten dieser Geschichten, die oft in mehreren, mitunter weit voneinander abweichenden Versionen erzählt werden, sind mit konkreten Lokalitäten, mit Dörfern oder Städten, Bergen und Burgen, Felsen, Höhlen oder Quellen verbunden. Manche von ihnen haben auch einen realen Kern, der mitunter weit in die Geschichte des Harzes zurückreicht.

Unterhalb der beiden Felsnadeln soll sich das Zauberschloß des Zwergenkönigs Hübich befinden: Der in der Nähe von Bad Grund gelegene Hübichstein gehört zu den zahlreichen sagenumwobenen Plätzen des Harzes.

Schon in der Altsteinzeit haben Menschen das Gebirge, oder zumindest dessen Vorland, bewohnt. Vor den Unbilden der Witterung suchten diese urzeitlichen Jäger und Sammler Zuflucht in Höhlen, wie der Steinkirche und der Einhornhöhle in Scharzfeld. Funde an Waffen, Werkzeugen und Relikte von Kultstätten belegen auch die Anwesenheit von Menschen in der Bronze- und Eisenzeit.
In den ersten Jahrhunderten nach Christus wurde das Gebirge zum Grenzpuffer zwischen Sachsen und Franken. Die thüringischen Herrscher, deren einst mächtiges Reich im Jahre 431 von Sachsen und Franken unterworfen und aufgeteilt wurde, flohen in die unwirtliche Bergwelt, wo sie sich gut zu verteidigende Burgen bauten.
Im 8. Jahrhundert unterlagen die Sachsen in blutigem Gemetzel den Franken. Karl der Große erklärte den Harz zum Reichsbannforst, der der königlichen Jagd vorbehalten blieb. Bis zum östlichen Harzvorland reichte nun das fränkische Reich. Doch da jenseits des Harzes slawisches Gebiet begann, mußte das Gebirge militärisch gesichert werden. Mehr als 500 Burgen und befestigte Pfalzen wurden gebaut, nicht zuletzt, um die allenthalben entstehenden Siedlungen zu schützen. Klöster trugen zur Kolonisierung und Kultivierung der Region bei, die durch Erzfunde und das sich bald entwickelnde Montanwesen wirtschaftliche Bedeutung erlangte.
Im 9. und 10. Jahrhundert wurden großartige romanische Kirchen und Dome in Quedlinburg, Halberstadt, Nordhausen und Gernrode erbaut. In Goslar entstand um das Jahr 1000 die erste Kaiserpfalz. Immer stärker wurde das Land kultiviert, aus Rodungen wurden Dörfer und Städte, vielerorts fand man Erze; Handwerk und Handel bekamen Auftrieb. Nachdem das Kaisertum im 13. Jahrhundert an Macht verloren hatte, wurde der Harz zu einer unsicheren Gegend: Arbeitslos gewordene Ritter zogen plündernd umher oder raubten Händler

aus, bevor sie sich wieder auf ihre schwer zugänglichen Burgen zurückzogen. Erst nach und nach konnten die um ihre Zukunft bangenden Städte diese Raubnester zerstören. Neue Unruhen brachten der Bauernkrieg und die Reformation, in deren Folge viele Klöster aufgelöst wurden.
Im 16. Jahrhundert sollte es aber noch viel schlimmer kommen: Stärker als viele andere Regionen in Deutschland wurde der Harz von den Schrecken des Dreißigjährigen Krieges heimgesucht. Wallensteins und Tillys Armeen zogen ebenso marodierend, brandschatzend und plündernd durch die Städte und Dörfer wie die Landsknechtshaufen der Schweden und anderer Nationen. Schon damals war die Zivilbevölkerung am stärksten betroffen: Man kann nur schwer ermessen, was es bedeutet, daß die Einwohnerzahl in diesen Kriegsjahren um die Hälfte reduziert wurde. Ursache für diesen dramatischen Bevölkerungsverlust waren nicht nur die direkten Kriegseinwirkungen, sondern auch deren mittelbare Folgen wie Hungersnöte und Seuchen. Nur langsam und mühevoll konnte sich das Land nach dem Westfälischen Frieden des Jahres 1648 wieder erholen. Nach und nach normalisierte sich das Leben – vom späten 17. Jahrhundert an entstanden auch wieder bedeutende Bauwerke, jetzt aber im Barock, dem Stil einer neuen Zeit.
Im 19. Jahrhundert begann man, sich auf Reisende einzurichten. Dichtungen, in denen die Schönheit der Bergwelt beschrieben wurde, zogen bald Besucher an. Noch war die Reise beschwerlich und nicht ohne Gefahr, doch das Wegenetz konnte nach und nach ausgebaut werden, und immer mehr Gasthöfe boten den Reisenden Verpflegung und Unterkunft. Neben der Baumannshöhle zog es Abenteuerlustige vor allem auf den Brocken, dessen Aussicht immer wieder gerühmt wurde. Nachdem die Brockenbahn im Jahre 1899 zum erstenmal fauchend und schnaufend den Berg erklommen hatte, war er endgültig in der Hand des Massentourismus.
Doch plötzlich wurde der Trubel von unheilvoller Stille abgelöst: 1961 wandelte sich die „grüne Grenze", die zunächst die Besatzungszonen und dann die beiden deutschen Staaten geteilt hatte, zum Todesstreifen. Auf der Brockenkuppe gingen die Horchposten östlicher Geheimdienste in Stellung, später wurde der Gipfel sogar von einer Mauer umzogen. Wie das ganze Land, so zerfiel auch der Harz in zwei Teile, und darüber thronte im unzugänglichen militärischen Sperrbezirk der Brocken, der vom Sehnsuchtsberg der romantischen Dichter zum Schicksalsberg der Deutschen geworden war.
Die Relikte dieser unheilvollen Zeit können heute im Brockenmuseum besichtigt werden: Da sind zum Beispiel Teile der Abhörtechnik aus dem Arsenal der DDR-Grenztruppen zu sehen. Inzwischen fällt es jedoch schon wieder schwer, sich die undurchdringliche Grenze vorzustellen: Die Lokomotive der Brockenbahn pfeift, eine Schulklasse aus Braunschweig und eine aus Leipzig entsteigen den rotgelb gespritzten nostalgischen Eisenbahnwagen. Der Brockenwirt bekommt neue Kundschaft, die aus der Gulaschkanone mit Erbsensuppe und Bockwurst verpflegt werden muß. Die alten Horchanlagen stehen wie die Requisiten eines längst abgedrehten surrealistischen Films auf dem Gipfel.
Noch wirkt hier alles provisorisch, doch nach und nach zieht Normalität ein. Die Natur überwuchert bedenkenlos die Geschichte. Heute ist das Gebirge wieder grenzenlos. Wir sind eingeladen, diese geschichtsträchtige Landschaft kennenzulernen.

Ein Spitzenwerk mittelalterlicher Plastik: Die Triumphkreuzgruppe über dem Lettner entstand zu Beginn des 13. Jahrhunderts und gehört zu den bedeutendsten Kunstwerken des Halberstädter Doms.

Der Brocken sei von so „grausamer Höhe und Größe, daß er in die zweite Luftregion" hineinreiche, heißt es in einer topographischen Beschreibung aus dem Jahr 1654. Tatsächlich überragt der Berg mit seinen 1142 Metern alle anderen Gipfel des Harzes. Mehr als seine Gestalt und Höhe hat der Mythos des alten Blocksberges die Menschen immer wieder in seinen Bann gezogen. Erst nach dem Zweiten Weltkrieg jedoch wurde der Brocken, der Johann Wolfgang von Goethe als Schauplatz der Faustischen Walpurgisnacht diente, zum deutschen Schicksalsberg: Bis 1989 lag er unzugänglich im Nebel des Kalten Krieges.

Die Goslarer Kaiserpfalz kündet von fernen Tagen, in denen das Deutsche Kaiserreich von hier aus regiert wurde. 1005 bis 1015 ließ Heinrich II. das erste Pfalz-Gebäude errichten, das in den folgenden Jahrhunderten mehrfach erweitert und umgebaut wurde. Nachdem 1253 hier zum letzten Male ein Kaiser residiert hatte, verfiel das stolze Gemäuer jedoch immer mehr und wäre im Jahr 1865 beinahe der Spitzhacke zum Opfer gefallen. Da sich aber schon wieder ein neues Kaiserreich ankündigte, restaurierte man die Pfalz mit viel Pracht und noch mehr Phantasie, so daß es sich gut in die große alte Zeit zurückträumen ließ. Vor der Pfalz sitzen seit dem Jahr 1900 Friedrich Barbarossa und Wilhelm I., der alte und der neue Kaiser, als Denkmäler hoch zu Roß.

Blick von den Zeterklippen auf das nördliche Harzvorland: Die bizarren Formen der Zeterklippen in der Nähe von Schierke sind als Resultat eines langen Verwitterungsprozesses der Granitblöcke entstanden. Geologen bezeichnen diese an den abgerundeten Kanten erkennbare Felsbildung als „Wollsackverwitterung“.

Fachwerkhäuser mit farbig gefaßten Schnitzereien wie hier in Goslar gehören zum charakteristischen Erscheinungsbild vieler Harzstädte. Manche von diesen Häusern, die aus einer tragenden Holzkonstruktion bestehen, deren Zwischenräume auf verschiedene Weise „ausgefacht“ wurden, können 500 bis 600 Jahre alt sein. Die Verzierungen mit Zeichen, Symbolen und Friesen sind nicht nur Schmuckelemente, sondern haben oft eine konkrete Bedeutung, die von den jeweiligen Erbauern und deren Lebensumständen im Mittelalter zeugen.

in ewigkeit: psalm 121 alle werke des hern sindt wunderbar.
Der gerechte mues vil leiden aber der herr

Der Sage nach soll die anmutige Prinzessin Ilse allmorgendlich in diesem Bächlein baden. Doch das holde Mädchen gilt als menschenscheu, und die Chance sie anzutreffen ist daher gering. Daß sich eine Wanderung durch das malerische Ilsetal dennoch lohnt, wußten schon Heinrich Heine und Hans Christian Andersen.

Das Kehrrad der Grube Samson in St. Andreasberg hat einen Durchmesser von neun Metern. Diese beeindruckende Holzkonstruktion, die der Ingenieur-Verband der USA im Jahr 1987 zum „Internationalen historischen Maschinenbaudenkmal" erklärte, diente der Förderung in dem von 1521 bis 1910 betriebenen Silberbergwerk. Heute ist die Grube Samson als „Historisches Silberbergwerk und Heimatmuseum" der Öffentlichkeit zugänglich.

Breitbeinig sitzt er da, die Hände greifen in den mächtigen Bart, der bis zum Boden hinabfällt. Friedrich Barbarossa, der legendäre Kaiser Rotbart, thront, als monumentale Skulptur in das rötliche Gestein des Kyffhäusergebirges gemeißelt, am Fuß des gewaltigen Denkmals. Wie eine Pyramide reckt es sich 81 Meter hoch in den Himmel. Schon von weitem kann man das mit einer Krone abschließende Bauwerk auf dem Rücken des sanft ansteigenden Höhenzuges wahrnehmen. Werden die markanten Umrisse des Kyffhäuserdenkmals in mildes Abendlicht getaucht, verschwimmen die Konturen im weichen Nebel, der die herannahende Nacht ankündigt, so fällt es nicht schwer, sich in die Sage hineinzuträumen, die seit Jahrhunderten Berg und Burg umweht:

Friedrich I. aus dem Geschlecht der Staufer, der im Jahre 1190 während eines Kreuzzugs tödlich verunglückt war, ruht seit Jahrhunderten im Inneren des Berges, den die Raben unablässig umkreisen. Erst wenn die schwarzen Vögel, deren Gekrächze von Zwietracht im Volk kündet, verschwunden sind, wird Barbarossa sein finsteres Reich verlassen, um das geeinte Deutschland zu neuer Größe zu führen.

Ursprünglich hatte sich diese Sage auf den Hohenstaufenkaiser Friedrich II. (1212 – 1250) bezogen, der angeblich irgendwo im Kyffhäuser beigesetzt worden war. Erst später brachte man den Berg mit dem sehr viel volkstümlicheren Barbarossa in Verbindung. Richtig populär wurde der Kyffhäuser aber erst im späten 19. Jahrhundert, als das deutsche Kaiserreich auf der Suche nach nationalen Symbolen das riesige Denkmal errichten ließ: Während Barbarossa am Fuß der Pyramide thront, steht über ihm hoch zu Roß Kaiser Wilhelm I. (1797 – 1888), ganz so, als habe er mit der Reichsgründung Rotbarts Erbe angetreten. Im Inneren des Denkmals, das von

1890 bis 1896 nach dem Entwurf des Architekten Bruno Schmitz erbaut wurde, befindet sich seit der Wende eine interessante Ausstellung zur widersprüchlichen Geschichte des Kyffhäusers als nationales Symbol zwischen Ideologie und Kitsch. „Wer diese Form kaiserlicher Selbstdarstellung nicht mag, der besteigt einfach das Denkmal und genießt die Aussicht auf die wunderbare Landschaft“, heißt es am Ende der Ausstellung.

Diesen Rat sollten wir befolgen: Über eine steile und enge Treppe, die sich im Inneren des Turmes nach oben windet, erreichen wir die Aussichtsplattform, über der sich die Kaiserkrone mit einem Durchmesser von 6,6 Metern wölbt. Unter uns sehen wir die alte, aus dem 12. Jahrhundert stammende Reichsburg Kyffhausen, eine dreigeteilte Anlage von 600 mal 60 Metern, deren Unterburg noch gut erhalten ist. Wir sehen auch die ehemalige Kaiserpfalz Tilleda, eine der bedeutendsten mittelalterlichen Pfalzbauten.

Nach umfangreichen Grabungen wurde hier ein sehenswertes Freilichtmuseum mit zahlreichen auf der Grundlage archäologischer Befunde rekonstruierten Gebäuden eingerichtet. Viel imposanter ist jedoch der Blick über das Tal der Goldenen Aue hinweg: Dort beginnt der Harz, der sich in einer grandiosen Landschaftsinszenierung vor unserem Auge auftürmt. Im Norden sehen wir den 579 Meter hohen Großen Auerberg aus dem dunklen Grün der Harzwälder aufragen, der Brocken mit seinen 1142 Metern Höhe, weit im Nordwesten, ist – von geheimnisvollen Wolken umhüllt – gerade noch wahrzunehmen.

Daß der Harz eine Landschaft ist, in der noch Bräuche lebendig gehalten werden, die oft schon so alt sind, daß man ihre Ursprünge nur noch erahnen kann, erfahren wir schon in Questenberg, einem besonders schönen Dorf nördlich der Goldenen Aue. Vor Zeiten, so berichtet die Sage, sei dem auf der Questenburg hausenden Ritter Knauth seine kleine Tochter Jutta weggelaufen. Alle Bauern der Umgebung mußten das verlorene Kind suchen, das inzwischen auf einer einsamen Waldlichtung saß und emsig an einem Blumenkranz mit Quasten flocht. Nachdem ein Köhler die kleine Jutta entdeckt und zurück zur väterlichen Burg gebrachte hatte, wurde ein großes Freudenfest gefeiert.

Noch heute ist der Questenkranz auf einer Felskuppe hoch über dem Ort zu sehen. Dieser Kranz in Form eines Sonnenrades wird jedes Jahr in der Nacht zum Pfingstmontag heruntergeholt und verbrannt. Am Tag darauf treffen sich nahezu alle Questenberger, um nach altem Brauch einen neuen Kranz zu flechten und anschließend aufzuziehen. Dieses Questenfest ist allerdings älter als der sagenhafte Ritter Knauth und sein Töchterchen Jutta. Wahrscheinlich hat der Brauch, mit dem der Frühling begrüßt wird, sogar vorchristliche Ursprünge. Für die Questenberger ist er jedenfalls bis heute der festliche Höhepunkt des Jahres geblieben, der inzwischen auch viele Auswärtige anlockt.

Mit seinen 125 Tonnen Gewicht und 38 Metern Höhe ist das Josephskreuz auf dem Auerberg das schwerste und größte Doppelkreuz der Welt. Bei guter Sicht kann man von der Spitze dieser im Jahr 1896 fertiggestellten Eisenkonstruktion den gesamten Harz überblicken.

Südwestlich von Agnesdorf, einem Ortsteil von Questenberg, begegnen wir einem geheimnisvollen Naturphänomen: dem Periodischen See. Das etwa fünf Hektar große Seebecken wird vom Glasebach gespeist. Trotz des ständigen Zuflusses versickert das Wasser des Sees, der auch Bauerngraben genannt wird, von Zeit zu Zeit durch „Schlucklöcher“ im Gipsboden.

Dadurch hat der Bauerngraben einen ständig wechselnden Wasserstand, er kann seine Umgebung überschwemmen, aber auch völlig austrocknen. Diese Naturerscheinung hat die Menschen seit Jahrhunderten verblüfft. Bereits im Jahre 1480 wurde der Bauerngraben erstmalig in einer Urkunde erwähnt. Heute ist er Teil eines Naturschutzgebietes, in dem noch so seltene Tiere wie die Wildkatze und der Gartenschläfer heimisch sind.

Über die Dörfer Breitungen und Uftrungen gelangen wir ins Thyratal zur Heimkehle, der größten Gipssteinhöhle Deutschlands. Wenn die riesigen Hallen und Dome dieser Grotte am Heiligabend in das milde Licht unzähliger Kerzen getaucht sind, wirkt die Heimkehle besonders märchenhaft und geheimnisvoll. Bekannt ist die Höhle seit dem Jahre 1357. Im Dreißigjährigen Krieg fanden die Bauern aus dem benachbarten Rottleberode hier Zuflucht vor marodierenden Söldnerhorden, und bereits 1703 beschrieb sie der Nordhäuser Apotheker Georg Henning Behrens in seiner Schrift „Hercynia curiosa“ (Kurioser Harz). Seit 1920 ist das unterirdische Reich mit dem Großen Dom, der einen Durchmesser von 65 und eine Höhe von 22 Metern hat, und den mehr als 15 Meter tiefen Seen auch Touristen zugänglich.

Im Jahre 1944, kurz vor dem Zusammenbruch des „Tausendjährigen Reiches“, geriet die Höhle noch in das Visier der NS-Rüstungsstrategen. Vom berüchtigten KZ „Mittelbau Dora“ trieb die SS zahlreiche Häftlinge hierher, die in einer auf 8 000 Quadratmetern eilig eingerichteten Rüstungsfabrik unter unmenschlichen Bedingungen Teile für Hitlers V-Waffen herstellen mußten. An die vielen Opfer unter den KZ-Häftlingen erinnert heute eine Gedenkstätte. Die Höhle, die 1945 als Rüstungsbetrieb eingestuft und daher teilweise gesprengt wurde, ist seit 1954 wieder zu einem großen Teil begehbar.

Parallel zur munter plätschernden Thyra windet sich in zahlreichen Kurven die Straße von Rottleberode nach Stolberg, dem malerischsten Städtchen des Südharzes. Die Stolberger hatten Glück: Kein Krieg, kein Brand hat ihre Stadt in den letzten Jahrhunderten heimgesucht, und auch der Sozialismus ist an den hübschen Fachwerkhäusern fast spurlos vorübergegangen. Im Jahre 1157 wur-

Thomas Münzer, der radikale Gegenspieler Martin Luthers, wurde im Jahr 1490 in Stolberg geboren. Weil er die Bibel als Handbuch zur gewaltsamen Beseitigung sozialer Mißstände betrachtete und sich an die Spitze der revoltierenden Bauern stellte, wurde er 1525, nach der Niederlage des Bauernheeres in der Schlacht bei Frankenhausen, hingerichtet.

de der Ort zum erstenmal erwähnt, wenig später auch die Burg und das darin residierende Grafengeschlecht. Noch vor 1300 erhielt Stolberg das Stadtrecht. Dank des ertragreichen Bergbaus konnte sich die kleine Residenz in den folgenden Jahrhunderten günstig entwickeln.

Davon zeugt die geschlossene Fachwerkbebauung, die überwiegend aus dem 15. bis 18. Jahrhundert stammt. Zu den schönsten Gebäuden gehört neben dem 1535 errichteten Fachwerkhaus auf der Untergasse 19, das ursprünglich als Münze, später als Konsistorium und Amtsgericht und heute als Heimatmuseum genutzt wird, vor allem das Rathaus. Im Jahre 1482 erbaut und um 1600 erneuert, besticht es durch seine schöne Fachwerkfassade, die von einer großen Sonnenuhr geschmückt wird. Der Baumeister hatte das Gebäude ursprünglich mit 52 Fenstern – nach den Wochen – und 365 Scheiben – nach den Tagen des Jahres – versehen, eine Innentreppe jedoch offenbar als unnötigen Luxus betrachtet. So müssen die Ratsherren auch heute noch die Außentreppe benutzen, wenn sie von einem Stockwerk in das andere wollen. Über die gleiche Treppe gelangt man auch zur St.-Martini-Kirche aus dem 13. Jahrhundert und weiter hinauf zum Schloß.

„Eng und begrenzt wie die örtliche Lage Stolbergs ist auch der Sinn und das Gehirn der armen Stolberger. Sie kommen nicht heraus. Draußen, in der ebenen Großstadt, befällt sie Platzsucht, und wenn es wirklich einmal einer fertigbringt, draußen im Strome mitzuschwimmen – lange hält er's nicht aus, und führen ihn schließlich Heimweh, Sehnsucht oder andere profanere Mächte in die Vaterstadt zurück, so kann er sicher sein, daß er es inzwischen zum Ortsarmen gebracht hat, den die heimische Gemeinde zu unterhalten verpflichtet ist." Der Schriftsteller Otto Erich Hartleben (1864 – 1905), von dem diese bösen Sätze über die Stolberger stammen, war im Jahre 1889 als Referendar an das Amtsgericht des Städtchens gekommen. In der satirischen Geschichte „Vom gastfreien Pastor", die 1895 erschien, hat er das Stolberger Kleinstadtmilieu auf reizvolle Weise beschrieben.

Sehr viel freundlicher äußerte sich Martin Luther über die Stadt, die er im Frühjahr 1525 besucht hatte. Obwohl die Stolberger zunächst keineswegs zu den glühenden Anhängern des Reformators gehörten, hatte er einen offenen Blick für die malerische Schönheit des Städtchens. Als er von einem Berg auf den Ort hinabblickte, verglich er Stolberg mit einem Vogel: Das Schloß sei der Kopf, der Markt der Rumpf, die beiden Gassen die Flügel und die Niedergasse der Schwanz. Ein treffender Vergleich, wie sich noch heute von der „Lutherbuche" aus, die die Stolberger dem Reformator später zum Dank pflanzten, feststellen läßt.

Unten am Markt, direkt vor dem Rathaus, steht seit 1989 ein eindrucksvolles Denkmal, das der Bildhauer Klaus Messerschmidt schuf: Es zeigt Luthers Rivalen Thomas Münzer, hinter dem eine vermummte Gestalt steht, die seinen Henker darstellen soll. Der radikale Prediger und Bauernführer, der am 15. Mai 1525 hingerichtet wurde, steht nicht zufällig auf dem Stolberger Markt. Auch wenn sich die genauen Umstände seiner Herkunft und das exakte Geburtsdatum nicht ermitteln ließen, steht außer Zweifel, daß er in Stolberg geboren wurde. Und weil er der prominenteste Stolberger gewesen ist, nennt sich sein Heimatort auch Thomas-Münzer-Stadt.

Durch dichte Wälder steil hinauf führt uns die Straße zum Großen Auerberg. Am Fuß des Berges ist jedoch für Motorisierte Endstation, der eigentliche Aufstieg muß – einem nostalgischen Wegweiser aus Gußeisen folgend – per pedes bewältigt werden. Auf der Kuppe steht die 38 Meter hohe und 125 Tonnen schwere Eisenkonstruktion des Josephskreuzes. 100 000 Nieten halten das Monstrum zusammen, das im Jahre 1896 anstelle seines hölzernen, jedoch durch Blitzschlag beschädigten Vorgängers erbaut wurde. Das ursprüngliche, nur 20 Meter hohe Holzkreuz war in den Jahren von 1832 bis 1834 nach dem Entwurf von Karl Friedrich Schinkel entstanden. 350 Eichen mußten dafür geschlagen werden. Wer nicht unter Höhenangst leidet, sollte die 200 Stufen nicht scheuen, denn von der Spitze des Doppelkreuzes eröffnet sich ein atemberaubender Rundblick über die Weite der Harzlandschaft: Wir sehen den Kyffhäuser und Ballenstedt, die Türme von Quedlinburg und die Kuppe des Brocken. Von hier aus läßt sich erahnen, welch vielfältige Schätze und Schönheiten das Gebirge, das uns buchstäblich zu Füßen liegt, noch bereithalten mag.

Harzgerode gehört zu den alten Städten des Harzes. Das Schloß liegt hier nicht etwa über der kleinen Stadt, sondern sogar noch unter dem Niveau des Marktes. Das heutige Renaissanceschloß ging aus einer mittelalterlichen Anlage hervor, die Teil der Stadtbefestigung war. Tatsächlich wirkt das Schloß dank seiner wehrhaften Mauern noch immer wie eine mittelalterliche Festung. Dieser Eindruck verliert sich erst dann, wenn man den ehemaligen Rittersaal betritt. Hier begegnet uns bereits höfische Kultur. Besonders kostbar ist das Parkett, das aus allen Hölzern gefertigt wurde, die im Harz zu finden waren. Wenn wir uns von Harzgerode weiter nach Nordosten wenden, erreichen wir bald die wahrscheinlich beeindruckendste Burganlage des ganzen Harzes. Die letzten Kilometer müssen wir wiederum zu Fuß zurücklegen. Wir gehen auf einem bequemen Wanderweg durch dichten

Mischwald, doch von der Burg ist zunächst nichts zu sehen.
Ganz plötzlich jedoch werden die dicken Mauern und der steil aufragende Bergfried dieser trutzigen Feste sichtbar, die seit mehr als 800 Jahren hoch über dem Selketal thront. Nein, Falkenstein wurde weder zerstört noch eingenommen. „Wenn es mal kritisch wurde, hat die Mannschaft lieber aufgegeben. Deshalb blieb die Anlage bis heute so gut erhalten“, erklärt ein Mitarbeiter des Burgmuseums, den wir auf dem Innenhof der Kernburg treffen. „Sehen Sie mal“, sagt er und zeigt nach oben, wo ein Greifvogel einen sehr viel größeren Vogel mit schrillem Schrei umkreist, bis dieser abdreht. „Der Falke hat sein Revier verteidigt und den Milan in die Flucht geschlagen“, erklärt er und fügt hinzu: „Schließlich ist hier der Falkenstein.“
Der Falkenstein, das ist nicht irgendeine, sondern eine der bedeutendsten deutschen Burgen des Mittelalters. Im frühen 12. Jahrhundert begonnen und bis etwa 1260 zu ihrer heutigen Gestalt als Dreiflügelanlage gewachsen, diente sie dem Grafengeschlecht der Falkensteiner, die zugleich Vögte des Stifts Quedlinburg waren, als Wohnsitz. Ihr bedeutendster Vertreter war Graf Hoyer von Falkenstein, in dessen Auftrag Eike von Repgow von 1224 bis 1231 hier den „Sachsenspiegel“, das älteste deutsche Rechtsbuch, schrieb.
Später wurde die Burg umgebaut und als Jagdschloß genutzt. Dennoch blieb ihre mittelalterliche Substanz weitgehend erhalten. Wenn wir die Räume durchstreifen, den Rittersaal betreten mit seinem Kamin, den bequemen, lederbezogenen Stühlen und der festlich gedeckten Tafel, dann können wir leicht ins Träumen geraten. Doch Vorsicht – so waren die alten Rittersleut keineswegs. Der größte Teil des Mobiliars, mit dem das sehr sehenswerte Museum der Burg Falkenstein ausgestattet ist, stammt aus Renaissance, Barock und Biedermeier. Vor allem damals, im frühen 19. Jahrhundert, erfand man jene Burgenromantik, die auch unser Bild vom mittelalterlichen Leben noch immer bestimmt und verklärt.
Tatsächlich waren Burgen im Mittelalter reine Zweckbauten mit Schutz-, Wehr- und Herrschaftsfunktionen. Komfortabel lebte man hier selbst als Hausherr nicht. Es war bedrückend eng, denn in dem durchaus nicht geräumigen Gemäuer mußten nicht nur die zahlreiche Burgmannschaft, sondern auch das Vieh untergebracht werden. Auch in dem schmalen Hof von Burg Falkenstein dürfte es daher höchst unangenehm nach Tierdung gestunken haben. Die Verpflegung war schlecht und eintönig; sie bestand meist aus Getreidebrei. Im Winter war es zudem ziemlich kalt, denn funktionierende Heiz-Systeme gab es kaum. Doch eines durften auch die Ritter schon ungetrübt genießen: den einzigartigen Blick vom Bergfried auf den östlichen Unterharz. Sanft, lieblich und fast unberührt mutet die Landschaft hier an. Dichte Mischwälder und saftige Wiesen, die im Frühjahr gelb und weiß gesprenkelt sind, bestimmen das Landschaftsbild des Selketals, ganz so, als sei die Zeit hier stehengeblieben.
Es war ein Ritter namens Ballo, der den Ort gegründet haben soll. Daher heißt die kleine Stadt Ballenstedt. Schon im 11. Jahrhundert wurde hier ein Stift gegründet. In dieser Zeit lebte auch Uta von Ballenstedt, deren Stifterfigur im Naumburger Dom von unvergänglicher Schönheit kündet. Um 1100 wurde in Ballenstedt auch der Askanier Albrecht der Bär geboren, der später die Mark Brandenburg begründete. Aus dem Stift wurde ein Schloß, in dem von 1765 bis 1863 die Herzöge von Anhalt-Bernburg residierten. Es ist vor allem der etwas be-

Die Gernröder Stiftskirche ist eine dreischiffige Flachdeckenbasilika aus ottonischer Zeit. Nach jahrhundertelangem Verfall wurde dieser älteste Sakralbau im Osten Deutschlands von 1859 bis 1865 grundlegend restauriert. Das historische Foto entstand im Jahr 1880.

häbige Charme der kleinen Residenz, der das Städtchen bis heute prägt. Lohnend ist ein Spaziergang durch den von Peter Joseph v. Lenné angelegten Schloßpark.
Schon Wilhelm v. Kügelgen (1802 – 1867) ging mit Muße in dieser weitläufigen Parkanlage spazieren. Der anhalt-bernburgische Hofmaler, der jedoch vor allem durch seine posthum erschienenen „Jugenderinnerungen eines alten Mannes" populär wurde, lebte von 1833 bis zu seinem Tod in Ballenstedt. Sehenswerter als sein Wohnhaus (auf der heutigen Kügelgenstraße Nr. 35 a) ist das Kügelgenzimmer, das im Heimatmuseum am Goetheplatz eingerichtet wurde. Der mit Biedermeiermöbeln und zahlreichen Gemälden ausgestattete Raum informiert über das Leben, die Familie und das Schaffen des Malers und Schriftstellers.
„Könnte ich Dir doch die alte Abteikirche in Gernrode aus dem 9. Jahrhundert zeigen, gebaut von dem Markgrafen Gero. (...) Bei diesem Bau entwickeln sich die herrlichsten Talente, namentlich was Holzschneiderei anbelangt. Es ist unbegreiflich, wie diese Alten, denen wir so wenig Kenntnis zuzutrauen geneigt sind, doch einen so überaus sublimen Geschmack haben konnten", schrieb Wilhelm v. Kügelgen am 3. Juni 1861 in einem Brief an seinen Bruder Gerhard im fernen Baltikum und fügte bewundernd hinzu: „Diese alten Kirchen sind versteinerte Psalmen."
Die Gernroder Stiftskirche St. Cyriacus, die v. Kügelgen bei seinen Wanderungen durch die Ballenstedter Umgebung kennenlernte, gehört zu den prachtvollsten Gliedern in der Kette, die als „Straße der Romanik" das ganze Bundesland Sachsen-Anhalt durchzieht. Die im Jahre 963 geweihte dreischiffige romanische Basilika, deren westliche Doppelturmfront 1127 angebaut wurde, ist

eines der wertvollsten und am besten erhaltenen Baudenkmäler aus ottonischer Zeit.
Zu den bedeutendsten Kunstwerken der reich ausgestatteten Kirche gehört das berühmte Heilige Grab im südlichen Seitenschiff aus dem späten 11. Jahrhundert. Außen ist es neben ornamentalem Schmuck mit den Figuren der Äbtissin Hedwig III. und des Halberstädter Bischofs Bernhard versehen, im Inneren sieht man den Sarkophag Christi und Darstellungen des Auferstandenen mit Maria und den Engeln.
Die im Jahre 1519 geschaffene Tumba mit den Gebeinen des Kirchengründers Markgraf Gero steht in der Vierung direkt vor der Treppe, die zum erhöhten Altarraum hinaufführt. Nach der Reformation verfiel das Gebäude immer mehr, und erst in den Jahren 1859 bis 1865 konnte der historische Bauzustand weitgehend wiederhergestellt werden. Die von Ferdinand v. Quast geleitete Restaurierung gehört zu den eindrucksvollsten denkmalpflegerischen Leistungen des 19. Jahrhunderts.
Schon aus großer Ferne sichtbar, thront auf einem Felsen hoch über der berühmten Fachwerkstadt das Quedlinburger Schloß, das von den trutzigkantigen Doppeltürmen der Stiftskirche St. Servatius noch weit überragt wird. Zu Füßen des Schloßbergs drängen sich – mal ganz schmal und ziemlich schief, mal großzügig und breit – bunte und oftmals reich verzierte Fachwerkhäuser in den engen, verwinkelten Gassen. Wer durch Quedlinburg schlendert, betritt historisches Pflaster. Ende des Jahres 1994 trug die UNESCO der Bedeutung Quedlinburgs Rechnung, indem sie die Stadt in die Weltkulturerbeliste aufnahm. Bedeutende geschichtliche Überlieferungen und sagenhafte Ereignisse wurden hier zu phantastischen Geschichten verwoben, die den einzigartigen Reiz dieses altehrwürdigen Ortes ausmachen.
Vor allem an einem kleinen Fachwerkhaus aus dem 17. Jahrhundert zu Füßen des Schloßbergs spüren empfängliche Naturen den Atem der Geschichte heftig wehen: Das Haus steht

Wilhelm v. Kügelgen (1802 bis 1867) verbrachte fast die Hälfte seines Lebens als Anhalt-Bernburgischer Hofmaler in Ballenstedt. Im Heimatmuseum des früheren Residenzstädtchens läßt ein Raum mit Möbeln, Erinnerungsstücken und Gemälden an den Maler, der vor allem als Verfasser seiner „Jugenderinnerungen eines alten Mannes" berühmt wurde, gedenken.

am Finkenherd, jener Stätte, der die Sage allerhöchste historische Bedeutung verliehen hat: Schließen wir also die Augen und träumen uns zurück in das Jahr 919: Von Quedlinburg dürfte damals noch weit und breit keine Spur gewesen sein. Auf einer Lichtung mitten im dichten Wald hatte sich der junge Sachsenherzog Heinrich einen „Finkenherd" eingerichtet, worunter man eine Vorrichtung zum Vogelfang versteht. Als Heinrich nun gerade dabei war, seiner vergleichsweise harmlosen Jagdleidenschaft zu frönen, wurde er durch Pferdegetrappel aufgeschreckt. Verärgert über die unerwartete Störung hörte er sich wenig später an, was die herbeigeeilten Boten ihm mitzuteilen hatten. Noch während sie sprachen, ließ er verblüfft Leimrute und Schlinge sinken und nahm die Reichskleinodien entgegen. Die Herolde hatten ihm eben ehrfurchtsvoll eröffnet, daß er zum deutschen König gewählt worden sei.

Geschichtsträchtig und legendenumwoben: Auch ohne historischen Beleg wird der Quedlinburger Finkenherd von vielen Bewohnern und Besuchern der Stadt für jenen Platz gehalten, an dem Heinrich I. im Jahr 919 die deutsche Königswürde angetragen worden ist.

So – oder so ähnlich – könnte es gewesen sein; wer kann das schon sagen? Unbestreitbar ist jedoch, daß Heinrich im Jahre 919 als erster Sachse zum deutschen König gewählt wurde. Drei Jahre später taucht der Name Quedlinburg erstmals amtlich auf, nämlich in einer Schenkungsurkunde an den König, der sich besonders gern hier aufhielt. Noch heute kann man ihm in der Stadt begegnen, denn sein Grab befindet sich neben dem seiner Gattin Mathilde (Urenkelin des Frankenwidersachers Widukind) in der Fürstengruft, die in der Krypta der Stiftskirche St. Servatius eingerichtet wurde.

Gehen wir also den Schloßberg hinauf, von wo wir zunächst einen wunderbaren Blick auf die Quedlinburger Turm- und Dachlandschaft und die Umgebung genießen. Bereits in karolingischer Zeit war hier eine Kirche erbaut worden, in der Heinrich im Jahre 936 beigesetzt wurde. Im gleichen Jahr wurde unter der Herrschaft von Otto I. auf dem Schloßberg ein weltliches Damenstift gegründet, in dem jahrhundertelang adelige Frauen ein recht komfortables Leben führen konnten.

Zu welch enormem Reichtum es das Stift gebracht hatte, läßt sich in der Schatzkammer der Stiftskirche bestaunen: Kunstvoll gearbeitete Reliquiare, Abendmahlsgerät und kostbare Schriften, darunter das um 840 entstandene „Quedlinburger Evangeliar", dessen Prachteinband mit edlen Steinen besetzt ist, sind hier in gläsernen Vitrinen ausgestellt. Hinzu kommen noch die wertvollen Textilien, die in der Teppichkammer untergebracht wurden.

Als die amerikanische Armee in den letzten Kriegstagen die in ein Bergwerk ausgelagerten Kunstwerke entdeckte, konnte ein US-Offizier seine Begierde nicht unterdrücken. Oberstleutnant Joe Meador stahl wertvolle Teile des Domschatzes und schickte sie ins heimatliche Texas. Erst nach Jahrzehnten gelang es Kunstfahndern, den Verbleib der Kunstwerke aufzuklären. Im September 1993 war es endlich soweit: In einem Festgottesdienst wurde die Rückkehr des Quedlinburger Domschatzes gefeiert. Möglich geworden war dies allerdings nur, weil die Kulturstiftung der Länder die Erben des bereits 1980 gestorbenen Diebes mit einem Millionenbetrag abgefunden hatte.

Dieser kostbare Reliquienkasten Heinrichs I. gehört zu dem berühmten Quedlinburger Domschatz, der nach abenteuerlicher Irrfahrt in die USA erst seit 1993 wieder vollständig in der Stiftskirche aufbewahrt und den zahlreichen Besuchern gezeigt wird.

Das Pathos der Wilhelminischen Ära ist hier zu Stein geworden: Am Fuße des gewaltigen Kyffhäuser-Denkmals thront, in den rötlichen Stein gehauen, der legendäre Kaiser Barbarossa. Wilhelm I., der sich gern als sein später Nachfolger sah, sitzt über ihm in Herrschermanier zu Pferd. Wer den steilen Aufstieg über 247 Stufen im Inneren des Turmes nicht scheut, sieht von der Krone aus ein phantastisches Panorama über die Goldene Aue und die Gipfel des Harzes bis hin zum Brocken.

Ganz sicher gehört Stolberg zu den schönsten Städten des Harzes. Die schmucken Fachwerkhäuser, die sich in den wenigen Straßen und Gäßchen aneinanderschmiegen, haben die Wirren der Zeit so gut überstanden, daß die Stadt noch immer ihr mittelalterliches Gepräge bewahren konnte. Links, auf halber Höhe, ist die spätgotische Pfarrkirche St. Martin zu sehen und auf dem Berg das Schloß der Grafen zu Stolberg, das seine heutige Gestalt im 16. und 17. Jahrhundert erhielt.

Trutzig und wehrhaft erhebt sich Burg Falkenstein hoch über das liebliche Selketal. Im 12. und 13. Jahrhundert wuchsen die Mauern dieses gewaltigen Bauwerks, das als eine der bedeutendsten deutschen Burganlagen des Mittelalters gilt. Die Grafen von Falkenstein, die einst hier lebten, waren auch Vögte des nicht weit entfernten reichsunmittelbaren Stifts Quedlinburg.

Am Rande des nördlichen Unterharzes liegt die frühere Residenzstadt Ballenstedt. Hoch überragt das Schloß der Herzöge von Anhalt-Bernburg den Park und das Städtchen. Bereits im 11. Jahrhundert war an dieser Stelle die Stammburg der Askanier erbaut worden. Damals entstand auch eine romanische Kirche, die später Teil eines Klosters wurde. In der ersten Hälfte des 18. Jahrhunderts wurde das barocke Schloß unter Einbeziehung der Kirche und Verwendung einiger mittelalterlicher Bauteile in seiner heutigen Form erbaut.

Im Jahre 961 gründete Markgraf Gero das Gernröder Stift als Kanonissenkloster. Zwei Jahre später wurde die dreischiffige romanische Basilika der Stiftskirche zum erstenmal geweiht. Aus dieser Zeit stammt auch der große Taufstein, dessen acht Seitenflächen mit reliefartigen Bildern geschmückt sind, die das Leben Jesu – von der Verkündigung über die Kreuzigung bis hin zur Himmelfahrt – zeigen. Die Stiftskirche zu Gernrode gehört zu den bedeutendsten Sakralbauten Deutschlands.

Auf dem Schloßberg steht das Quedlinburger Schloß, das von den beiden kantigen Türmen der Stiftskirche St. Servatius überragt wird. Schon in karolingischer Zeit entstand auf dem Berg eine kleine Basilika, die man später zu jener Grabkirche erweiterte, in der Heinrich I. im Jahr 936 seine letzte Ruhestätte fand. Seine Witwe Mathilde gründete hier ein weltliches Damenstift, das bis zum Jahr 1802 bestanden hat. Noch heute kann man die Sarkophage des ersten deutschen Königspaares in der Krypta der dreischiffigen romanischen Stiftskirche besuchen.

Von alters her wohnte ein König auf den herumgelegenen alten Schlössern, der eine schöne Tochter hatte. Diese wollte ein Prinz, der sich in sie verliebte, entführen und verband sich dazu mit dem Teufel, durch dessen schwarze Kunst er ein Pferd aus der Hölle bekam. So entführte er sie, und beim Übersetzen von Fels zu Fels schlug das Roß mit dem Hufeisen einen Abdruck, der noch heute zu sehen ist."

So erklärt ein Harzer Sagenbuch die Entstehung der Roßtrappe, eines hufeisenförmigen Abdruckes im Stein, der auf einem 240 Meter hohen Felsen oberhalb von Thale besichtigt werden kann. Sollte aber die Roßtrappe tatsächlich nur das zufällige Nebenresultat eines Kidnappings gewesen sein? – Wir stehen hoch oben auf dem Felsen, und angesichts des vor uns liegenden sagenhaften Abdrucks weigert sich unsere Phantasie, diese doch allzu schlichte Geschichte zu akzeptieren. Wenn unser Blick in den gähnenden Abgrund, in dessen Tiefe die Bode plätschert, schweift und dann den jenseitigen Fels erklimmt, verlangt es uns nach mehr Details, nach mehr Dramatik. Kein Problem, denn wie bei vielen volkstümlichen Überlieferungen sind auch von der Roßtrappen-Sage mehrere, recht unterschiedliche Varianten im Umlauf: Hören wir uns die Geschichte also noch einmal an, diesmal aber in spannenderer Form:

In grauer Vorzeit, als es in der Nähe von Thale von Hexen und Teufeln nur so wimmelte, wohnte hier auch der König eines Riesen-Geschlechts. Dieser König hatte eine Tochter. Sie hieß Emma, und ihre Schönheit wurde sogar jenseits der Grenzen des Harzes gerühmt. Ausgerechnet der Riesen-Ritter Bodo, ein unangenehmer Kerl von abstoßendem Äußeren und schlechten Manieren, sollte nach dem unerforschlichen Ratschluß des alternden Königs Emma zur Frau bekommen. Die holde Jungfrau war entsetzt, und als Bodo sich ihr zu nähern wagte, sprang sie behende aufs Roß und floh im Galopp.

Doch auch Bodo war kein schlechter Reiter und folgte ihr auf dem Huf. Plötzlich tat sich vor Emma ein furchtbarer felsiger Abgrund auf. Da sie schon den heißen Atem von Bodos Roß im Rücken spürte, gab sie ihrem Pferd die Sporen und wagte das Äußerste: den verzweifelten Sprung übers Tal. Knapp erreichte der Huf ihres Pferdes den rettenden Felsen und hinterließ dort den später so berühmt gewordenen Abdruck. Bodo dagegen stürzte heulend und fluchend in den Abgrund. Noch im Fluge verwandelte er sich in einen schwarzen Hund, der seither im tiefen Grund des Tales Emmas Krone bewachen muß. Dieser königliche Kopfputz war der Fliehenden nämlich während des Fluges hinabgestürzt. Seit diesem Tage heißt das Tal nach Bodo, dem verwandelten Ritter, Bode-Tal.

So hat die Geschichte Hand und Fuß, und so wird sie Tag für Tag von Fremdenführern und anderen Ortskundigen den zahllosen Touristen erzählt, die entweder zu Fuß oder mit dem Sessellift auf den Felsen gekommen sind, um die Roßtrappe zu bestaunen und das einzigartige Felspanorama zu bewundern. Das Bodetal gehört mit seinen schroffen Felsen zu den eindrucksvollsten Landschaftsbildern des Harzes. Ein ganzer Kranz von Sagen und Legenden umrankt vor allem den Hexentanzplatz jenseits des Tales, von dem aus Emma ihren verzweifelten Sprung gewagt haben soll.

Das Plateau ist etwa 250 Meter hoch und hat einst germanischen Stämmen als Kultplatz gedient. Im Jahre 1901 erbaute hier der Architekt Bernhard Sehring die Walpurgishalle, deren Architektur und bildkünstlerische Ausstattung an Odin, Wodan, Donar und das gesamte germanische Götterpersonal erinnert. Fünf große Gemälde des Hallenser Malers Hermann Hendrichs haben auch Szenen aus dem „Faust" zum Thema. Dabei hatte Goethe doch seine berühmte Walpurgisnacht nicht hier, sondern auf dem Brocken stattfinden lassen. Offenbar gab es jedoch schon immer genügend

Die wildromantische Felslandschaft nahe der Roßtrappe hat immer wieder Maler und Zeichner in ihren Bann geschlagen. Dieser Stahlstich von Peter Ahrens entstand im Jahr 1860.

Hexen, so daß in der Nacht zum ersten Mai Walpurgis, jenes geheimnisvolle ausschweifende Zauberfest, sowohl hier als auch auf dem Brocken stattfinden konnte.
Die örtlichen Fremdenverkehrsstrategen haben jedenfalls den 30. April in ihren Kalendern stets dick mit Rotstift angestrichen und weder Kosten, Mühe noch Phantasie gescheut, um Heerscharen von Möchtegern-Hexen und -Teufeln hierher zu locken. Tatsächlich ist dann auch das Gedränge beim Hexentanz, der erst weit nach Mitternacht ausklingt, groß. Über Besuchermangel kann man sich hier auch das restliche Jahr kaum beklagen. Der Hexentanzplatz ist bequem mit dem Auto oder mit einem Kabinenlift zu erreichen.
Mit der schwankenden Gondel schweben wir hinab nach Thale, der Stadt am Eingang des Bodetales. Sehenswert ist hier die Ende des 18. Jahrhunderts erbaute Andreaskirche, die auf dem Gelände eines bereits im neunten Jahrhundert gegründeten ehemaligen Klosters steht.

Frickes Gasthaus auf dem Hexentanzplatz: Dieses Foto von 1860 zeigt, daß der Hexentanzplatz bereits in der zweiten Hälfte des 19. Jahrhunderts ein beliebtes Ziel für Wanderer gewesen ist, die sich nach dem anstrengenden Aufstieg im Gasthaus stärken konnten.

In Thale wurden 1445 ein Bergwerk und ein Eisenhüttenwerk gegründet, doch bekannt ist die Stadt dank ihrer Lage vor allem als Ferienzentrum. Johann Wolfgang von Goethe zog es bereits hierher, und später logierte im früheren „Hotel Zehnpfund", dem heutigen Rathaus, Theodor Fontane, der sich in Thale zu seinem berühmten Roman „Effi Briest" anregen ließ.
Architektonisch reizvoller als Thale ist die nordwestlich gelegene, etwa 20 000 Einwohner zählende Stadt Blankenburg. Schon von weitem sehen wir das Schloß, das das gesamte Stadtbild beherrscht. Doch nachdem wir den Schloßberg erklommen haben, stehen wir vor verschlossenem Tor: Das historische Gemäuer mit seiner langen Baugeschichte, die von romanischen Ursprüngen über die Renaissance zu der heutigen Barockanlage geführt hat, wird als Fachschule genutzt und ist der Öffentlichkeit nicht zugänglich.
Wir werden jedoch schon bald entschädigt, denn auf dem Weg hinunter in die Stadt erreichen wir einen kleinen Barockpark mit Springbrunnen, Putti und Ziervasen. Begrenzt wird diese fürstliche Gartenanlage durch das Kleine Schloß, ein im 18. Jahrhundert entstandenes Palais, das einst als Lustschloß und Witwensitz diente. Heute beherbergt der Bau das Blankenburger Heimatmuseum mit seiner informativen stadtgeschichtlichen Sammlung. Vor dem Schloß steht ein Abguß des berühmten Braunschweiger Löwen, der daran erinnert, daß die Stadt nach dem Aussterben der Grafen von Blankenburg im Jahre 1599 an das Herzogtum Braunschweig-Wolfenbüttel fiel und 1707 zum reichsunmittelbaren Fürstentum wurde.
Wenn wir durch die noch stark mittelalterlich geprägte Stadt schlendern, vorbei an alten Fachwerkhäusern und dem eindrucksvollen Renaissance-Rathaus bis hinauf zu der ursprünglich romanischen Stadtkirche St. Bartolomäi, können wir uns gut vorstellen, daß Blankenburg häufig prominente Besucher angezogen hat. Zar Peter der Große besah sich die Stadt, und sein späterer französischer Kollege Ludwig XVIII. ließ sich von 1796 an hier sogar für eineinhalb Jahre nieder – auf der Flucht vor Napoleon.
Unter weniger dramatischen Bedingungen besuchten auch Dichter wie Johann Wolfgang von Goethe, Theodor Fontane und Wilhelm Raabe die Stadt am Nordrand des Mittelharzes.
Zu den Sehenswürdigkeiten Blankenburgs gehört auch die Burgruine Regenstein, eine in Sandstein gehauene Burganlage, deren Ursprünge in frühgeschichtliche Zeit zurückreichen. Angeblich soll Heinrich I. die Burg erbaut haben, die nach dem Aussterben des Geschlechts der Regensteiner an Preußen fiel, im Siebenjährigen Krieg zeitweilig von den Franzosen gehalten und anschließend auf Befehl Friedrichs des Großen gesprengt wurde. Eindrucksvoll ist die Anlage aber auch als Ruine, und so ist es nicht verwunderlich, daß sie vielen Sagen und Legenden als Schauplatz dient.

So wird von einer holden Jungfrau erzählt, die ein Regensteiner Graf entführt und – da sie sich ihm standhaft verweigerte – in ein Verlies gesperrt hatte. Im Laufe eines Jahres soll sie sich jedoch mit Hilfe ihres Diamantringes durch den Felsen gearbeitet haben, so daß sie entfliehen konnte. Zahlreiche Geschichten handeln von den Übeltaten der Regensteiner Grafen, die im frühen 14. Jahrhundert – bis ihre Herrschaft durch den Halberstädter Bischof gebrochen wurde – als berüchtigte Raubritter und Wegelagerer ihr Unwesen trieben. Heute erinnert man sich dieser Vergangenheit gern mit wohligem Schaudern, etwa bei den Ritterspielen, die mit farbenprächtigen Turnieren jeweils im späten Frühjahr stattfinden.

Ganz in der Nähe von Blankenburg lädt auch ein einst bedeutendes Kloster zum Besuch ein. Michaelstein heißt das von 1160 bis 1170 erbaute Zisterzienserkloster, das nach seiner Auflösung im Jahre 1540 als evangelische Klosterschule diente. Wir betreten die Anlage durch das markante Torhaus im Süden, über dem sich ein Turm mit offener Laterne erhebt. Über dem Torbogen sind zwei Reliefs zu sehen: links ein Kruzifix und rechts der heilige Michael, der den Teufel mit Füßen tritt. Der größte erhaltene Raum des Klosters ist das Refektorium im Südflügel. Hier, wo sich einst unter dem Kreuzgewölbe, das von Säulen mit plastisch geschmückten Würfelkapitellen gehalten wird, die Mönche zu ihren kargen Mahlzeiten versammelten, finden heute Kammerkonzerte statt.

Das Kleine Schloß zu Füßen des Blankenburger Schloßberges wurde im Jahr 1725 als barocker Fachwerkbau begonnen und 1777 im Rokokostil umgebaut. Reizvoll ist der barocke Schloßgarten, der sich über vier Terrassen erstreckt und mit zahlreichen Plastiken versehen ist.

Kloster Michaelstein ist die Heimstadt des Telemann-Kammerorchesters, dessen Mitglieder in den späten 60er Jahren mit großem Engagement dafür sorgten, daß die im Kern romanische Klosteranlage nicht weiter verfiel, sondern Schritt für Schritt restauriert und für kulturelle Zwecke nutzbar gemacht werden konnte. Heute befindet sich in dem alten Zisterzienserbau auch das Georg-Philipp-Telemann-Archiv. Sehenswert sind vor allem der Kreuzgang, der Kapitelsaal mit seinen kostbar verzierten Kapitellen und der Musiksaal im Westflügel, in dem ein kleines Musikinstrumentenmuseum untergebracht ist.

Des ewigen Gebietsstreits müde, beschloß der liebe Gott eines längst vergangenen Tages, sich mit dem Teufel über die Aufteilung des Harzes zu einigen. Alle Gebiete, die der Teufel in einer Nacht bis zum ersten Hahnenschrei ummauern könnte, sollten ihm gehören, schlug der Herrscher des Himmels seinem Gegenspieler vor, der mit diesem vorteilhaften Handel einverstanden war. Kaum daß es zu dämmern begann, machte Luzifer sich hurtig ans Werk und richtete eine gewaltige Steinmauer auf, die sich südlich von Blankenburg über Timmenrode, Thale, Neinstedt und Gernrode bis hin zu den „Gegensteinen“ bei Ballenstedt erstreckte. Der Teufel war gut in Form und wollte sich nun nach Süden tief in den Harz wenden. Doch noch mitten in der Nacht hatte sich ein altes Weiblein aufgemacht, um am Morgen rechtzeitig in Blankenburg zu sein, wo sie auf dem Markt einen Hahn verkaufen wollte. Als sie des Teufels Mauer gewahr wurde, erschrak sie, stolperte und fiel der Länge nach hin. Dabei wurde der Hahn, den sie im Korb getragen hatte, unsanft zu Boden geworfen, was er mit lautem erbostem Gekrähe quittierte. Als der Teufel das hörte, mußte er annehmen, daß der Morgen gekommen sei. Wütend nahm er Gesteinsbrocken und bewarf sein noch unvollendetes Werk. Daher ist die „Teufelsmauer“ an mehreren Stellen unterbrochen. Schon im Jahre 1852 wurde die geologische Schichtrippe aus Senon-Sandstein unter Schutz gestellt. Daher zählt dieses als Wander- und Klettergebiet gut erschlossene Naturdenkmal zu den ältesten Naturschutzgebieten Deutschlands.

Etwa 15 Kilometer südwestlich von Blankenburg liegt Rübeland. Obwohl der zu Füßen einer Burg gegründete Ort schon im Jahre 1320 erstmals erwähnt wurde, also eine lange Geschichte hat, müßten wir ihn nicht beachten, gäbe es da nicht eine Besonderheit, die Rübeland weit über den Harz hinaus berühmt gemacht hat. Und das kam so:

Die Geschichte soll sich im Jahre 1536 ereignet haben, als ein Knappe namens Friedrich Baumann in Rübeland auf der Suche nach Erz in den Fels stieg. Mühsam zwängte er sich durch schmale Hohlräume, klopfte den Stein ab und versuchte an der Färbung die Spur einer Erzader zu entdecken. Auf einmal tat sich vor ihm ein gewaltiger Raum auf, ein domähnlicher Saal voll von phantastischen und bizarren Tropfsteingebilden. Überwältigt von all dieser Schönheit wollte Baumann seine Grubenlampe nehmen, um die Grotte besser zu beleuchten, doch entglitt sie ihm, polterte zu Boden und erlosch zischend auf dem feuchten Grund. Baumann war plötzlich von undurchdringlicher Finsternis umgeben. Drei Tage lang irrte er durch die zufällig entdeckte Höhle, bis er, schon nahe daran, die letzte Hoffnung fahrenzulassen, schwaches Tageslicht wahrnahm, das ihm den Weg zum Ausgang wies. Völlig entkräftet berichtete er den Rübeländern von der Schönheit der Höhle, bevor er an den erlittenen Strapazen starb.

Die Höhle, deren Erschließung bald darauf begann, wurde zu seinem Gedenken „Baumannshöhle" genannt. Bereits im 16. Jahrhundert wurde sie in Büchern beschrieben, und bald kamen die ersten Touristen, die sich für ein Handgeld von ortsansässigen Bauern oder Bergleuten durch das felsige Labyrinth führen ließen. Ein bißchen Courage war damals allerdings für den Höhlenbesuch noch erforderlich – viele Besucher kehrten denn auch schon bald wieder um. Im Jahre 1591 schrieb z. B. der Prior des Klosters Walkenried, H. Eckstorm, daß er auf den Besuch der Höhle verzichtet habe, da „der Abstieg in sie recht unsicher war, der Boden von Wasser und Schmutz triefte und den Besucher beschmutzte". Dennoch kamen die Besucher in immer größerer Zahl, auch Prominente ließen sich nicht abschrecken: der Zarewitsch Peter Alexej, der Philosoph Gottfried Wilhelm Leibniz und Johann Wolfgang von Goethe bewunderten die unterirdische Pracht. Goethe kam sogar zweimal – nämlich in den Jahren 1777 und 1784 –, so daß man den großen von Baumann entdeckten Saal später Goethesaal nannte.

1840 wurde für Illumination und Musik gesorgt. In einem Grieben-Reiseführer von 1886 ist warnend vermerkt: „Damen, die leicht von Schwindel befallen werden, ist der Besuch zu widerrathen, weil an drei Stellen Leitern zu besteigen sind." Bald waren die Wege und Stege jedoch so gut befestigt, daß selbst ängstlichen Damen der Besuch bedenkenlos empfohlen werden konnte. Dabei ist es bis heute geblieben. Tag für Tag wird die Höhle, die längst zu den wichtigsten Sehenswürdigkeiten des Harzes gehört, von unzähligen Besuchern besichtigt, die sich jeweils am Ende ihrer Führung zu einem gemeinsamen Gruppenfoto versammeln. Besonders beeindruckend sind Theateraufführungen oder Konzerte auf der Naturbühne des Goethesaals, der bis zu 600 Besuchern auf beheizten Bänken Platz bietet.

Unter weniger dramatischen Umständen wurde am 28. Juni 1866 in Rübeland noch eine zweite Tropfsteinhöhle entdeckt: Beim Bau der Straße von Rübeland nach Hasselfelde war der Wegeaufseher Angerstein auf einen Felsspalt gestoßen, aus dem ein kalter Luftzug zu spüren war. Bei näherer Untersuchung entdeckte man das Grottensystem, das seit 1877 Hermannshöhle genannt wird und für die Öffentlichkeit zugänglich ist. Zu den schönsten Teilen der umfangreichen Höhle gehören die Märchengrotte und die Kristallkammer, deren bizarre Tropfsteingebilde bei entsprechender Beleuchtung einen phantastischen Eindruck hinterlassen.

Von Rübeland aus erreichen wir auf ansteigendem Terrain die Rappbodetalsperre. Nachdem wir einen 220 Meter langen Straßentunnel durchquert haben, stehen wir plötzlich auf der Krone der gewaltigen Staumauer. Links gähnt in 90 Meter Tiefe das Tal der Rappbode mit dem Wendefurter Becken. Um einen noch besseren Überblick zu gewinnen, steigen wir zur Aussichtsplattform über dem Straßentunnel hinauf. Der Blick ist beeindruckend: Wir sehen eine mit riesigem Aufwand geschaffene künstliche Seenlandschaft, die gleichwohl natürlich wirkt und auch zum Lebensraum vieler inzwischen selten gewordener Tierarten wie dem Graureiher geworden ist.

Das Stauvolumen der Rappbodetalsperre beträgt 109 Millionen Kubikmeter, und die Seefläche umfaßt 390 Hektar bei einer Länge von 8,5 Kilometern. Für die Staumauer waren 860 000 Kubikmeter Beton notwendig, doch dafür hält sie dem Druck allein durch ihr Eigengewicht stand. Die Rappbodetalsperre ist der größte Stausee des Harzes und damit Teil des noch viel umfangreicheren Bode-Talsperrensystems, das von Elend im Westen bis nach Wendefurth im Osten reicht und zugleich der Energiegewinnung und dem Hochwasserschutz dient.

Gespeist wird die Rappbodetalsperre von der Kalten Bode, der Warmen Bode und – natürlich – von der Rappbode. Die Planungen für dieses Talsperrensystem reichen bis ins späte 19. Jahrhundert zurück. Mit der Realisierung wurde in den 30er Jahren begonnen. Schon bald mußten allerdings alle Arbeiten wegen des Zweiten Weltkriegs abgebrochen werden. So konnte die Talsperre erst in den Jahren 1952 bis 1959 fertiggestellt werden.

In der stillen Wasserfläche spiegeln sich die Nadelbäume, die in dichten Wäldern hinter den geschwungenen Uferlinien aufragen. Die Rappbodetalsperre ist ein beliebtes und reizvolles Ausflugsziel, das allerdings besonderen Schutzvorschriften unterworfen ist, nicht nur der Natur wegen sondern auch, weil der Stausee als Trinkwasserreservoir genutzt wird. Vom Wendefurther Becken führt ein Rohrsystem das Wasser bis in die etwa 100 Kilometer entfernte Großstadt Halle.

Das Bodetal mit der Teufelsbrücke: Johann Wolfgang von Goethe war von dieser grandiosen Schlucht mit ihrem plätschernden, sprudelnden und wild über Steine schäumenden Flüßchen ebenso angetan wie Joseph v. Eichendorff, Theodor Fontane und zahllose andere Wanderer. Ein Reiseführer aus den 30er Jahren bezeichnet es gar als das „gewaltigste Felstal Deutschlands nördlich der Alpen". Bis heute leben in diesem Naturschutzgebiet mit seiner vielfältigen Flora Fledermäuse, Wanderfalken, Wildkatzen und andere selten gewordene oder vom Aussterben bedrohte Tierarten.

In fernen Zeiten war die Roßtrappe, ein 240 Meter hoher Felsen, der durch das Bodetal vom Hexentanzplatz getrennt wird, ein germanischer Kultplatz. Doch weit mehr bewegt die zahlreichen Besucher des Felsens ein merkwürdiger Abdruck im Stein. Glaubt man der Sage, so ist es ein Hufabdruck: Auf der Flucht vor dem Ritter Bodo hatte die Königstochter Emma auf ihrem edlen Roß den tollkühnen Sprung vom Hexentanzplatz über den gähnenden Talschlund bis hierher gewagt und glücklich bestanden.

Auch mit der Teufelsmauer, einem mehrere Kilometer langen Klippenkamm aus Sandstein, verbindet sich eine der zahlreichen Harzer Sagen: Um sein Reich gegenüber dem des himmlischen Herrschers abzugrenzen, blieb dem Teufel eine Nacht, in der er zur Markierung eine steinerne Mauer ziehen konnte. Als er mitten in der Nacht und noch lange vor Vollendung seines Werks, von einem vorzeitigen Hahnenschrei genarrt, schon den Morgen kommen wähnte, geriet er in Wut und warf Steinbrocken auf seine Mauer, die daher an mehreren Stellen unterbrochen ist.

Von dichten Wäldern umsäumt, wirkt diese Wasserlandschaft wie ein stilles und unberührtes Naturparadies. Tatsächlich ist es ein künstlicher See, eine Talsperre, die als Trinkwasserreservoir dient und die niederschlagsreiche Harzregion außerdem vor Hochwasserkatastrophen schützen soll. Schon Ende des 19. Jahrhunderts hatte man eine Bodetalsperre geplant. Die Rappbodetalsperre, deren 1936 begonnener Bau im Krieg eingestellt werden mußte, konnte erst 1959 eingeweiht werden. Das gesamte System mit mehreren Vorsperren und einem Pumpspeicherwerk wurde im Jahr 1967 fertiggestellt.

Es war nicht etwa ein Werbetexter des Fremdenverkehrsvereins, sondern ein Dichter, der Wernigerode, die „bunte Stadt am Harz“ nannte. Längst ist diese Bezeichnung, mit der Hermann Löns im Jahre 1909 einen Aufsatz über Wernigerode in der Hannoverschen Zeitung überschrieb, zum zugkräftigen Slogan für die Harzstadt geworden. Daß Wernigerode tatsächlich bunt ist, kann man beim Bummel durch die verkehrsberuhigte Breite Straße feststellen, die mitten durch den historischen Stadtkern führt. Die reich verzierten Fachwerkhäuser, die die Straße auf beiden Seiten säumen, künden mit ihrem z. T. noch mittelalterlichen Gepräge von Wernigerodes langer Geschichte.

Bereits um die Wende vom ersten zum zweiten Jahrtausend war hier, an der Kreuzung zweier Handelsstraßen, eine Rodungssiedlung entstanden, die 1229 das Stadtrecht erhielt. In den Jahren 1528 und 1751 wurde Wernigerode durch Brände und im Dreißigjährigen Krieg durch mehrfache Plünderungen verheert. Zum Glück überdauerte dennoch eine stattliche Anzahl alter Häuser, wie z. B. das hübsche „Café Wien“ (Breite Straße 4), die Zeiten. Es stammt aus dem Jahre 1583 und diente unterschiedlichen Zwecken, bevor sich hier 1897 ein Konditor niederließ. Die Einrichtung, die glücklicherweise bis heute erhalten blieb, erinnert stark an ein Wiener Kaffeehaus. Doch „Café Wien“ heißt die hübsche Konditorei seltsamerweise erst seit der Verstaatlichung durch die DDR-Behörden. Die enteignete Familie, die ihren Besitz im Jahre 1990 zurückerhielt und das Café nun betreibt, beließ es bei diesem Namen.

„Einer acht's, der andere betracht's, der dritte verlacht's, was macht's“ steht über dem Hauptportal des Rathauses. Der Spruch mutet ein wenig wie kokette Tiefstapelei an, denn kaum jemand, der die prachtvolle Fassade betrachtet, würde auf die Idee kommen, sich über sie lustig zu machen. Im Gegenteil: Der Marktplatz ist tagaus, tagein von den jährlich etwa zwei Millionen Touristen belagert, die vor allem dieses eine Ziel haben, wenn sie die 38 000 Einwohner zählende Harzstadt besuchen: das Rathaus. Unter dem leisen Surren von Videokameras und dem Klicken zahlloser Fotoapparate erzählt die Stadtführerin von der Geschichte des Gebäudes, das mit seinen von zwei gotischen Helmen bekrönten Ecktürmen gewiß zu den malerischsten und schönsten Bauwerken des ganzen Harzes zählt:

Ursprünglich, so erfahren wir, habe das bereits 1277 erstmals erwähnte Gebäude als Haus für Feierlichkeiten und geselliges Spiel und später als gräflich stolberg-wernigerodische Gerichtsstätte gedient. Als man schließlich in der ersten Hälfte des 15. Jahrhunderts hier das Rathaus einrichtete, wurde das Gebäude umgebaut und erhielt, nachdem die Schäden des Stadtbrandes von 1528 beseitigt wurden, seine heutige Gestalt.

Südöstlich vom Stadtkern steigt der Weg plötzlich steil an und führt uns hinauf auf den Agnesberg. Das Schloß, das hier oben steht, haben wir schon längst gesehen. Mit seinen Türmen, Erkern und Zinnen erinnert es an eine Abbildung aus dem Märchenbuch. Und was das so verwunschen anmutende Gemäuer von außen verspricht, kann es auch innen halten. Wenn wir durch die Schloßkapelle und die zahlreichen anderen prunkvollen Räume, die mit Mobiliar aus mehreren Epochen ausgestattet sind, wandeln, spüren wir die Verwandtschaft zu König Ludwigs Schloß Neuschwanstein. Nicht anders als im fernen Allgäu weht hier der Geist des Historismus, jener Ära, in der man sich so gern in ferne Zeiten zurücksehnte und phantastisch anmutende „mittelalterliche“ Bauten schuf.

Das Wernigeroder Schloß hat allerdings wirklich mittelalterliche Ursprünge. Die erste Burg wurde Anfang des 12. Jahrhunderts erbaut und diente den Grafen von Wernigerode als Wohnsitz. 1419, als dieses Geschlecht ausgestorben war, ging die Burg an die Grafen von Stolberg, die sie in der zweiten Hälfte des 17. Jahrhunderts in ein Barockschloß umwandelten. Da dieses Schloß im 19. Jahrhundert erhebliche bauliche Mängel aufwies und außerdem den gewandelten Repräsentationsansprüchen nicht mehr genügte, ließ der damalige Besitzer, Otto v. Stolberg-Wernigerode, die Anlage von 1862 bis 1885 umbauen.

Das überwiegend neugotische Märchenschloß, das nach den Entwürfen des Architekten Karl Frühling entstand, umfaßt insgesamt 250 prachtvoll ausgestattete Räume. Otto Graf (und ab 1890 sogar Fürst) zu Stolberg-Wernigerode (1837 – 1896), der Bau- und Schloßherr, legte Wert auf Prunk und Glanz, weil hier häufig hochrangige Besucher – bis hin zum deutschen Kaiser – zu empfangen waren. Immerhin war der Graf von 1878 bis 1881 Vizekanzler und versah somit als Stellvertreter Bismarcks eine hohe Stellung im wenige Jahre zuvor gegründeten Deutschen Kaiserreich.

Doch genug der Historie, sehen wir lieber hinab ins Tal, wo sich die Stadt ausbreitet. Gewiß, auch in Wernigerode sind die Spuren des Sozialismus in Gestalt von klotzigen Plattenbauten nicht zu übersehen, doch zum Glück stehen sie abseits vom historischen Zentrum, das ganz von Fachwerkhäusern geprägt wird. Wenn der

Himmel aufreißt und den Blick in die Weite freigibt, erkennen wir von hier aus den Brocken. Die Berge des Harzes locken, und wir folgen ihrem Ruf nur allzugern.
Am Wernigeroder Bahnhof steht ein Zug der Harzquerbahn abfahrbereit. Er sieht aus, wie eine Eisenbahn vor 100 Jahren ausgesehen hat, nur eine Nummer kleiner, denn seine Gleise haben nur einen Meter Spurweite.

Wie eine verwunschene Märchenburg inmitten dichter Wälder mutet das Wernigeroder Schloß an, dessen Türmchen und Zinnen allerdings erst während einer historistischen Umgestaltung im 19. Jahrhundert entstanden sind. Das Luftbild wurde um das Jahr 1930 aufgenommen.

Die kohlrabenschwarze Lokomotive steht schon unter Dampf und schnauft ungeduldig. Der Stationsvorsteher hebt die Kelle und pfeift, schnell wirft der Heizer noch eine Schaufel Kohlen ins Feuerloch, dann ruckt der Zug an, und die rot-gelb gespritzten Wägelchen setzen sich langsam in Bewegung.
Seit dem Jahre 1899 verkehrt die Schmalspurbahn auf der reichlich 60 Kilometer langen Strecke zwischen Wernigerode und Nordhausen. Lassen wir uns nun in gemütlicher Geschwindigkeit von 20 bis 25 Stundenkilometern quer durch das Gebirge fahren: Die Wagen der inzwischen privatisierten Bahn sind spartanisch ausgestattet, doch auch das gehört zur Eisenbahnnostalgie, der man sich hier ungehemmt hingeben darf. Beim Pfeifen der Lokomotive, dem Geruch des schwarzen Rauchs, der unablässig aus dem Schornstein quillt, und dem gleichmäßigen Rhythmus der Schienenstöße werden bei älteren Fahrgästen Kindheitserinnerungen wach, und für Kinder wird die Bahnfahrt zum Abenteuer.
Zunächst fährt der Zug mitten durchs Stadtgebiet Wernigerodes und hält zum erstenmal am Bahnhof Westerntor, noch ganz in der Nähe des historischen Zentrums. Dann fährt er in leichter, aber stetiger Steigung über Hasserode zur Steinernen Renne. Nicht weit von hier befindet sich ein Tal mit bizarren Gebilden aus Quarzporphyrfelsen. Dem „Silbernen Mann“ steht die „Silberne Frau“ gegenüber, und im Tal

plätschert die Holtemme. An der Gaststätte „Steinerne Renne", die auf 540 Metern Höhe und damit 229 Meter höher als der Bahnhof des Ortes liegt, kann man sehen, wie das Wasser des Wildbaches über phantastisch geformte Felsen in die Tiefe stürzt.
Inzwischen ist der Zug längst weitergefahren und hat das Drängetal erreicht, von dem aus wir einen wunderbaren Blick zurück nach Wernigerode haben. Kurz darauf, nach einer großen Kurve, wird es auf einmal stockdunkel: Wir fahren durch einen 70 Meter langen Tunnel, und anschließend geht es steil bergauf. Etwa 229 Meter Höhenunterschied muß der Zug bewältigen auf der 8,2 Kilometer langen Strecke zwischen Steinerner Renne und Drei Annen Hohne, unserer nächsten Station. Die kleine Dampflokomotive bekommt zur Stärkung frisches Wasser, das sich zischend aus einem schwenkbaren

Sie faucht und raucht wie eh und je: Die Harzquerbahn, die hier durch Wernigerode fährt, scheint mit ihrer kohlrabenschwarzen Dampflokomotive einer längst vergangenen Zeit anzugehören.

Wasserkran in den Tank ergießt. Die meisten der Fahrgäste sind ausgestiegen, um dieses Schauspiel zu verfolgen.
In Drei Annen Hohne gabelt sich der Schienenstrang: Eine Strecke führt in westlicher Richtung über Schierke hinauf zum Brocken. Wir fahren jedoch weiter auf der Hauptstrecke gen Süden. Durch üppige Fichtenwälder und vorbei an saftigen, weiß-gelb gesprenkelten Wiesen geht die Fahrt nach Elend. Ganz allein auf grüner Flur steht hier eine hübsche kleine Kirche mit rot leuchtendem Dach – die kleinste Holzkirche Deutschlands.
Zu DDR-Zeiten waren Elend, Sorge und Benneckenstein, die nächsten Stationen unserer Dampfeisenbahntour, neuralgische Punkte. Hier, in unmittelbarer Nähe zur Grenze, sah der SED-Staat seine Sicherheit stets gefährdet. Einerseits sollten die idyllisch gelegenen Ortschaften Urlaubern offenstehen, da aber andererseits jeder DDR-Bürger in den Augen der „Sicherheitsorgane" als potentieller Flüchtling galt, war die Überwachung hier besonders rigide. Vor allem auf diesem Streckenabschnitt war die Fahrt mit der Harzquerbahn früher für DDR-Bürger immer mit einem Wechselbad der Gefühle verbunden. Eine persönliche Erinnerung des Autors an eine Fahrt ist noch frisch: Der Zug hatte Elend verlassen und die Kalte Bode passiert, rechts tauchte jetzt das anmutige Elendstal auf, in vielen Windungen führte die Strecke bergauf, die Lokomotive fauchte und schnaufte dem mit 557 Metern über dem Meeresspiegel höchsten Punkt der Strecke zu. Ich war auf die offene Plattform des letzten Wagens herausgetreten und schaute zurück: Da tauchte er im Dunst auf, der Brocken mit seinen galaktisch anmutenden Abhörkuppeln und dem weiß-roten Sendemast. Gleich darauf war der Wurmberg zu sehen, und der lag schon im Westen, greifbar nah und doch so unerreichbar wie der Mond.
Auf einmal spürte ich, daß der blauuniformierte Transportpolizist neben mich getreten war. Meinen Personalausweis hatte er schon kurz nach dem Einsteigen in Wernigerode kontrolliert. „Kommen Sie rein", sagte er jetzt und musterte mich mit mißtrauischem Blick, „der Aufenthalt auf den Plattformen ist aus Sicherheitsgründen verboten." In regelmäßigen Abständen tauchten im Wald Warnschilder auf: „Halt Staatsgrenze. Betreten verboten", stand darauf.
Vorbei, aber nicht vergessen ist das alles. Längst überwuchert die Natur den einstigen Todesstreifen, die alten Schilder sind mit der Grenze gefallen, doch die Gefahr ist noch nicht überall gebannt: „Vorsicht Lebensgefahr" warnen neue Schilder, denn niemand weiß, ob nicht noch irgendwo vergessene Minen liegen.
Für Elend, Sorge und Benneckenstein hat sich seit der Wende besonders viel verändert. Zunächst ging es darum, die touristische Infrastruktur zu verbessern, denn nun müssen die Orte mit den niedersächsischen Harzgemeinden um die Gunst der Touristen konkurrieren. Benneckenstein, mit 530 Metern über dem Meeresspiegel die höchste Stadt Sachsen-Anhalts, wurde zur Modell-Stadt für den Neuaufbau des Ost-Harz-Tourismus erklärt und reichlich mit Fördermitteln ausgestattet. Aber auch in den anderen Ferienorten ist der Wandel inzwischen allenthalben sichtbar.

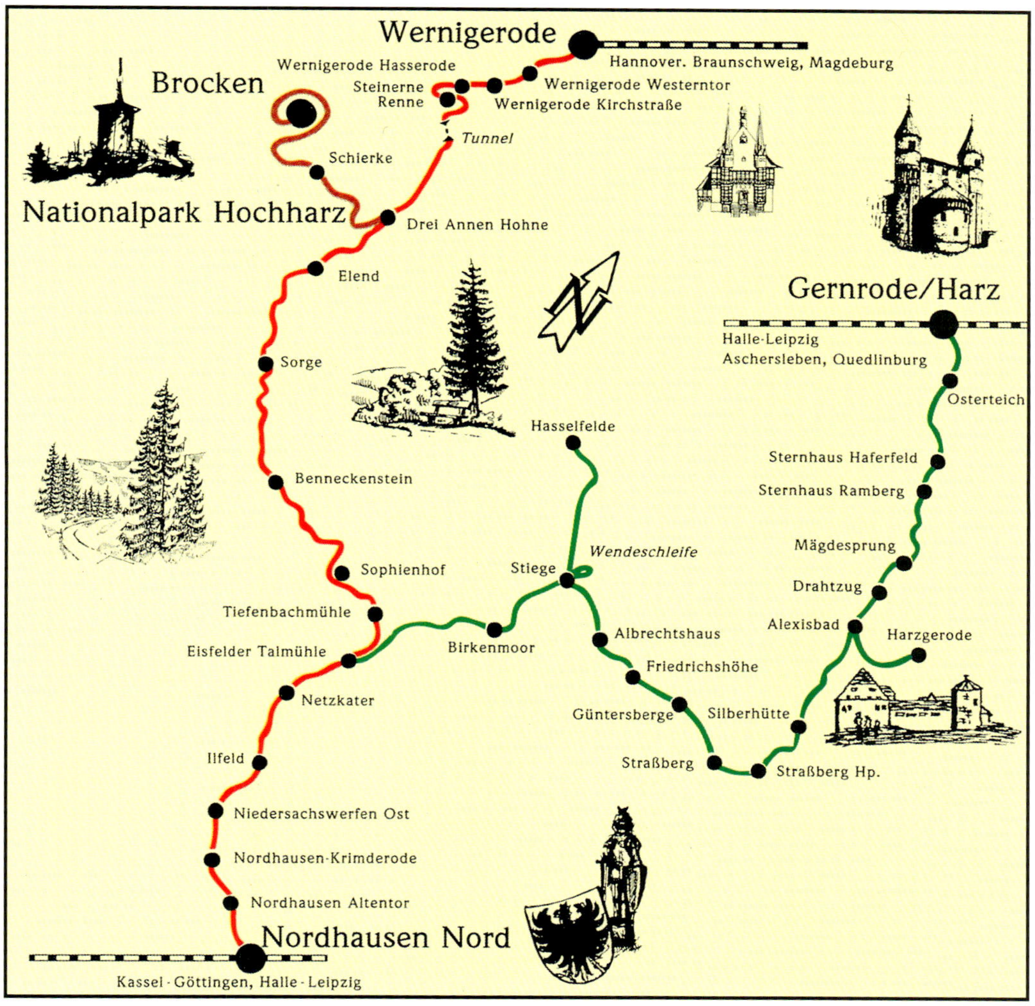

Nun geht die Fahrt stetig bergab. Über Tiefenbachmühle, Eisfelder Talmühle und Netzkater erreichen wir Ilfeld, einen wunderschön im Behretal gelegenen Ort. Einst gab es hier ein berühmtes Kloster, das der Bielsteiner Graf Elger I. im Jahre 1189 als Sühne für eine Mordtat gegründet hatte. Das Kloster wurde nach der Reformation in eine angesehene protestantische Internatsschule umgewandelt, diente den Nazis im Dritten Reich als Elite-Schule und wird heute als Krankenhaus genutzt.

Harzquerbahn mit Brockenbahn und Selketalbahn bilden gemeinsam das verzweigte Netz der Harzer Schmalspurbahnen. Für viele Touristen gehört eine gemächliche Dampf-Eisenbahnfahrt durch die teils romantische, teils liebliche Bergregion zu den eindrucksvollsten Erlebnissen ihrer Harzreise.

Das Gebirge haben wir nun hinter uns gelassen, wir fahren über weite Wiesen und an Feldern vorbei; bei Niedersachswerfen sehen wir bizarr geformte Felsen, an denen zahlreiche Steinbrüche nagen. Da tauchen schon die Türme von Nordhausen auf. Der Zug fährt in den Jugendstil-Bahnhof ein. Nach zweidreiviertel Stunden haben wir 60,5 Kilometer zurückgelegt, fast 400 Brücken über- oder unterquert und das Ziel unserer Reise erreicht.

Mit 50 000 Einwohnern gehört Nordhausen zu den größten Harzstädten. Die im 8. Jahrhundert gegründete Siedlung hatte bereits im 10. Jahrhundert neben Burg und Dom ein bedeutendes Damenstift, das von Mathilde, der Frau Heinrichs I., gegründet worden war. Nordhausen wurde Freie Reichsstadt, lud mehrfach zu wichtigen Reichsversammlungen ein und trat als aufstrebendes Handelszentrum dem mächtigen Hansebund bei. Heute fällt es nicht ganz leicht, sich die große historische Bedeutung dieser Stadt vorzustellen, denn im Jahre 1945 wurden durch Bombenangriffe fast 80 Prozent ihrer Bauten vernichtet. Vom alten Markt blieb nur das Renaissancerathaus übrig, an dessen Westseite die Kopie einer Rolandsfigur aus dem Jahre 1717 steht, die zum Wahrzeichen der Stadt wurde. Das Original befindet sich im Meyenburg-Museum. Der Dom zum Heiligen Kreuz, der aus dem Damenstift hervorging, ist im Kern romanisch, wurde aber in der Mitte des 14. Jahrhunderts in eine gotische Hallenkirche umgebaut, die im 16. Jahrhundert ein spätgotisches Netzgewölbe erhielt. Besonders eindrucksvoll ist die dreischiffige romanische Krypta, deren Kreuzgratgewölbe auf gedrungenen Säulen mit Würfelkapitellen ruhen.

An der St. Blasiuskirche, Nordhausens zweitem bedeutendem Sakralbau, fällt zunächst die ungleiche Höhe der beiden markanten Westtürme auf. Auch diese Kirche hat romanische Ursprünge, wurde aber im wesentlichen im 15. Jahrhundert als dreischiffige Hallenkirche im spätgotischen Stil erbaut. Zu ihren bedeutendsten Kunstwerken gehört eine Renaissancekanzel aus dem Jahre 1592 mit einer eindrucksvollen Trägerfigur. Der Kanzelkorb ist mit reichem Figuren- und Ornamentenschmuck versehen.

Nördlich der Innenstadt steigt das Terrain steil an. Vorbei an Villen aus dem späten 19. und frühen 20. Jahrhundert gelangen wir zum Meyenburg-Museum. Es ist in einer 1908 erbauten Villa untergebracht, die mit ihren Zinnen, Erkern und Türmen als ein herausragendes Beispiel für die späte Architektur des Historismus gelten kann. Der Besuch dieses Museums lohnt sich vor allem wegen der gut gestalteten Abteilung zur Geschichte der Stadt, deren früherer Schönheit und Bedeutung sich hier nachspüren läßt.

Das Rathaus von Wernigerode mit seinen Türmchen, den Erkern und dem bemalten Fachwerk wirkt wie die Illustration aus einem alten Märchenbuch. Ganz sicher wird es dem Dichter Hermann Löns vor Augen gestanden haben, als er Wernigerode im Jahr 1909 in einem Aufsatz für die Hannoversche Zeitung als „die bunte Stadt am Harz“ bezeichnete. Doch nicht nur das Rathaus, sondern auch viele andere alte Fachwerkhäuser rechtfertigen die dichterische Formulierung, für die die Wernigeröder dem Heidedichter so dankbar waren, daß sie ihm schließlich sogar am Blockshornberg ein Denkmal setzten.

Im Jahre 1213 wird zum ersten Mal in einer Urkunde ein „castrum“ auf dem Agnesberg erwähnt. Diese Burg diente dem Schutz zweier Handelswege, die sich in Wernigerode kreuzten. Der günstige Standort trug dazu bei, daß sich die Siedlung bald zu einem einträglichen Handelsplatz entwickeln und dem Niedersächsischen Städtebund beitreten konnte. Aus der Burg wurde nach zahlreichen Umbauten ein märchenhaft anmutendes Schloß. Da es in seinem ursprünglichen Zustand aus dem späten 19. Jahrhundert besichtigt werden kann, lohnt sich der Weg auf den Agnesberg, der auch einen wunderbaren Ausblick auf die Stadt und den Brocken bietet.

Bäche, die unter dem Blätterdach großer Bäume über bemooste Steine plätschern und sich, an Felsbrocken vorbei, ihren vielfach gewundenen Weg suchen, gehören zu den ganz typischen Landschaftsbildern des Harzes. Die Ilse entspringt auf dem Brocken an der Heinrichshöhe, rauscht durch eins der anmutigsten Täler des Gebirges auf langen Strecken über bemooste Steinblöcke. Derart markante Einschnitte gehören zu den charakteristischen Landschaftsformen des Harzes. Durch ein hohes Felsentor, als dessen rechter Pfeiler der 150 m hohe Ilsestein aufragt, verläßt das Flüßchen bei Ilsenburg den Harz. Eine Wanderung durch das romantische Ilsetal mit seiner üppigen Vegetation und den bizarren Felsformen gehört zu den eindrucksvollsten Naturerlebnissen einer Harzreise.

Fröhliche Schwester der wilden Bode" nannte Heinrich Heine die Selke, die auf der Südseite des Rambergmassivs entspringt, zwölf Ortschaften durchquert und hinter Hedersleben in die Bode mündet. Tatsächlich sprudelt sie nicht so ungestüm wie die Bode, ihr von saftigen Wiesen, von Büschen und alten Weiden gesäumtes Tal mutet dafür sehr lieblich an. Wer dem neben dem Flüßchen verlaufenden Wanderweg leise und behutsam folgt, kann mit etwas Glück Wasseramseln, Feuersalamander und andere seltene Tierarten entdecken. An die Selketalbahn haben sich die scheuen Tiere längst gewöhnt; sie dampft seit dem Jahr 1887 durch das idyllische Tal.

ANNO

Am 14. Februar 1375 stürmten wütende Bürger das Nordhäuser Rathaus und vertrieben den patrizischen Rat, der durch die Einführung einer neuen Steuer den Zorn der Einwohner des Städtchens auf sich gezogen hatte. Das 1360 zum ersten Mal erwähnte Rathaus der im Zweiten Weltkrieg stark zerstörten Stadt erhielt seine Renaissanceform Anfang des 17. Jahrhunderts. Heute steht der originale Roland von 1717 im Meyenburg-Museum, seinen ursprünglichen Standort hat inzwischen eine Kopie eingenommen.

Die Kabinen des Liftes werden unter leisem Surren hoch über den Wanderern den Wurmberg hinaufgezogen. Auf halber Höhe befindet sich eine Zwischenstation, danach geht es noch steiler bergauf. Immer weiter kann der Blick schweifen – hinunter nach Braunlage, der Stadt im Tal, und zu den Bergen und Höhen, die zu einem phantastischen Panorama zusammengefügt sind.

Oben, auf dem mit 971 Metern höchsten Berg des Westharzes, haben schon vor Jahrtausenden Menschen ihren heidnischen Gottheiten gehuldigt. Davon zeugt auf dem oberen Plateau die „Hexentreppe", eine frühgeschichtliche Kultstätte. Auf der höchsten Stelle des Plateaus erhebt sich ein hölzerner Aussichtsturm. Wer die knarrende Treppe bewältigt hat und auf die obere Plattform hinaustritt, stellt verwundert fest, daß er sich auf der Kanzel einer Sprungschanze befindet. Ein wenig beklommen gleitet der Blick in die gähnende Tiefe hinab bis zum Schanzenteller. Wer die vermutete Flugbahn der wagemutigen Skispringer weiter verfolgt, gerät schon bald an eine Schneise, die sich von Nord nach Süd, von Horizont zu Horizont, zieht und das Gebirge teilt. Direkt dahinter ragt der gewaltige Rücken des Brocken auf, bestückt mit den von östlichen Geheimdiensten errichteten Sendemasten und Abhörkuppeln, deren westliches Pendant, ein weißer Turm mit runder Kuppel, nur ein paar Steinwürfe entfernt, hier auf dem Wurmberg stand.

Die absurde Normalität des Kalten Krieges ist hier noch auf beklemmende Weise spürbar: Mitten durch das Gebirge, das sich hier in seiner Weite und seiner teils wilden, teils anmutigen Schönheit zeigt, verläuft der ehemalige Todesstreifen. Er trennte nicht nur den Ost- und Westharz, nicht nur Ost- von Westdeutschland – hier war zugleich die tödliche Trennlinie zwischen zwei Ideologien und zwei Militärblöcken. Für die Bewohner von Schierke, dem Ort, den wir zu Füßen des Brocken liegen sehen, war es möglich, in die Mongolische Hauptstadt Ulan Bator zu reisen, aber der Wurmberg, den sie täglich vor Augen hatten, mußte ihnen wie eine unwirkliche Fata Morgana erscheinen.

Bis zum Jahr 1989 bot sich vom Wurmberg aus ein trauriger und absurder Anblick: Zum Greifen nah und doch unendlich fern lag hinter dem abgeholzten Todesstreifen der Ostharz. Auch Jahre nach dem Fall des Eisernen Vorhangs sind die Narben in der Landschaft noch zu erkennen.

Das durchdringende Pfeifen einer Dampflokomotive reißt uns aus unseren Gedanken und erinnert an eine neue Normalität. Man hört ihr Schnaufen und Pfeifen, es fällt aber gar nicht leicht, die Brockenbahn, die seit 1991 wieder in Betrieb ist, zu entdecken. Schließlich verrät sie sich durch ihre Rauchfahne, die über den Wipfeln der Bäume schwebt. Dann, an einer Schneise, wird die schwarze Lokomotive mit ihren Wagen sichtbar, so klein wie Spielzeug wirkt sie von hier oben.

Braunlage hat als Wintersport- und Kurort einen guten Namen. Es gibt hier nicht nur kleine Pensionen, sondern auch teure Hotels, die der etwa 5 000 Einwohner zählenden Stadt einen Hauch von Internationalität verleihen. Höhepunkt des Jahres ist hier, genau wie im benachbarten Schierke, die Walpurgisnacht, die mit allerlei Hexen- und Teufelszauber gefeiert wird. Beim Bummel durch das Städtchen sollte man einen Blick in die kleine, von 1887 bis 1889 erbaute Trinitätskirche werfen. Bemerkenswert ist vor allem der handgeschmiedete Kronleuchter, der von Braunlager Bürgern gestiftet wurde.

Westlich von Braunlage liegt jenseits des Odertals St. Andreasberg, eine der alten Bergstädte. Längst hat sich der Ort als Ferien-, Kur- und Wintersportzentrum etabliert, aber seine Bergbauvergangenheit ist zumindest noch museal erhalten worden. Fast 400 Jahre lang war das historische Silberbergwerk „Grube Samson" in Betrieb, bis es 1910 geschlossen wurde. Mit einer Fülle interessanter Exponate informiert dieses Museum über die Geschichte und die mitunter recht komplizierte und ausgefeilte Technik des Bergbaus und der heimischen Gruben. Zu den Sehenswürdigkeiten von St. Andreasberg gehört auch die im klassizistischen Stil erbaute Martini-Kirche, die im Jahre 1811 als eine typische protestantische Saalkirche eingeweiht wurde.

Nach Süden fällt die Straße steil ab, bis wir das im Odertal gelegene Bad Lauterberg erreichen. Der Kurort, der seit 1906 die offizielle Bezeichnung „Bad" führen darf, hat sich ebenfalls von einer Bergbaugemeinde zum Erholungsort entwickelt. Bereits im Jahre 1839 führte der Kurarzt E. B. Ritscher in Lauterberg den Kurbetrieb mit einer Kaltwassermethode ein. Das zweifelhafte Vergnügen zog schon bald Kurgäste aus nah und fern an. Je unangenehmer die Tortur, dachte man sich vielleicht, desto größer der Erfolg für die Gesundheit. Ein paar Jahre später begann Pfarrer Sebastian Kneipp, sein Wasserheilverfahren zu entwickeln, das durch einen maßvollen Wechsel von Kalt- und Warmwassergüssen die Durchblutung anregt und sich überhaupt gesundheitsfördernd auswirkt. In Bad Lauterberg übernahm man bald die Therapie des katholischen Geistlichen und Gesundheitsapostels und hatte damit so großen Erfolg, daß sich die Harz-Stadt zum größten und bedeutendsten Kneipp-Bad Norddeutschlands entwickeln konnte.

In der unmittelbaren Nachbarschaft reizvoller Fachwerkhäuser befindet sich inmitten des alten Ortskerns die St. Andreaskirche. Anstelle einer hölzernen Kapelle erbaute man hier Ende des 16. Jahrhunderts eine statt-

liche Kirche, die jedoch während des Dreißigjährigen Krieges und wenig später erneut durch einen Stadtbrand zerstört wurde. Die heutige Kirche geht auf den Wiederaufbau von 1736 zurück. Sehenswert ist vor allem die barocke Innenausstattung, zu der auch ein qualitätvoller Altar aus der Mitte des 17. Jahrhunderts gehört.

Nur etwa halb so groß, aber von ganz ähnlichem Charakter ist das südwestlich an den Ausläufern des Ravensberges gelegene Bad Sachsa. Während sich im alten Ortskern Fachwerkhaus an Fachwerkhaus drängt, lädt der etwas abseits gelegene Kurpark mit seinen üppig bewachsenen und gepflegten Anlagen zu Spaziergängen ein. Bad Sachsa hat die Behäbigkeit einer gemütlichen Kleinstadt – Hast und Unrast sind hier Fremdworte. Die meist etwas älteren Gäste gehen im Kurschritt durch den Ort. Sehenswert sind die barocke Nikolaikirche und im Rathaus, das um die Jahrhundertwende erbaut wurde, ein Saal in lupenreinem Jugendstil.

Bad Sachsa wurde bereits 860 erstmals in einer Urkunde erwähnt. Die Entwicklung des Ortes, der in der Nähe einer Sachsenburg entstand und zunächst Sachsahu und später Sassa genannt wurde, vollzog sich seit dem späten 13. Jahrhundert in Abhängigkeit von dem nur unweit gelegenen Kloster Walkenried. Heute ist Walkenried nur ein kleiner, verträumter Kurort von nicht viel mehr als 3000 Einwohnern. Doch einst hatte das Kloster, das im Jahre 1129 hier als drittes Zisterzienserkloster Deutschlands gegründet wurde, große Bedeutung. Waren doch die Mönche keineswegs in den idyllischen Ort am Südrand des Harzes gezogen, um dort fortan die Hände in den Schoß zu legen und ein beschauliches Mönchsleben zu führen. Ganz im Gegenteil: In unermüdlicher und hochqualifizierter Arbeit taten sie eine Menge für die Kultivierung und Entwicklung der östlichen Harzregion.

Da wo sich einst im Schatten des Kyffhäusergebirges Sümpfe hinzogen, machten sie die heutige Goldene Aue zu einem fruchtbaren und ertragreichen Landwirtschaftsgebiet. Sie trieben aber nicht nur Ackerbau, sondern entwickelten auch das Handwerk, förderten am Goslarer Rammelsberg Silber und Kupfer, das sie selbst verhütteten. Das Kloster Walkenried war ein Wirtschafts- und Kulturzentrum von enormer Bedeutung mit zeitweise 80 Mönchen und mehr als 300 Laienbrüdern. Entsprechend eindrucksvoll waren auch Größe und Architektur des Klosterkomplexes. Bald reichte die 1137 geweihte romanische Basilika als Klosterkirche nicht mehr aus, fast das gesamte 13. Jahrhundert wurde Kloster Walkenried umfassend erweitert. Dabei entstanden mit der 92 Meter langen und 43 Meter breiten Basilika und den sich daran anschließenden Konventsgebäuden herausragende gotische Baudenkmäler.

Heute streicht der Wind durch die Ruine der Kirche, deren erhalten gebliebene südliche Langhauswand mit ihren Pfeilern und Arkaden als Relikt einer großen Geschichte stolz in den Himmel ragt. Seit dem Ende des 14. Jahrhunderts war das Kloster in eine Krise geraten, bis es schließlich im Bauernkrieg 1525 geplündert und bald darauf säkularisiert wurde. Während die Kirche im 18. Jahrhundert als Steinbruch genutzt wurde, bevor im Jahre 1870 endlich Sicherungsarbeiten begannen, blieb ein Teil der Anlage erhalten. Aber auch als Ruine ist Kloster Walkenried, in dessen Kapitelsaal heute evangelische Gottesdienste stattfinden, von großem Reiz.

Schon im 19. Jahrhundert wurde das zu Füßen des Brocken gelegene Schierke als einer der schönsten Kurorte des Harzes gerühmt. Das historische Foto entstand im Jahr 1892, doch der Ort hat seinen Charakter bis heute bewahren können.

Die Köhlerhütte im Kurpark von Bad Grund erinnert an einen Berufszweig, der im Harz früher große Bedeutung hatte. Da für die Metallgewinnung aus den geförderten Erzen Holzkohle gebraucht wurde, hatten die Köhler jahrhundertelang ein gutes Auskommen.

Torfhaus, ein in 800 Meter Höhe gelegener Ortsteil von Altenau, ist an den beiden 250 Meter hohen Sendemasten leicht zu erkennen. Der Name des Ortes geht auf den Torfabbau zurück, der in dieser von Hochmooren durchzogenen Region bereits im 16. Jahrhundert betrieben wurde. Heute führt die Bundesstraße 4 direkt an dem kleinen Ort, der vor allem bei Wintersportfreunden beliebt ist, vorbei.

1

Als im 16. Jahrhundert der Bergbau in der Harzstadt St. Andreasberg begann, waren hier bis zu 160 kleine Gruben in Betrieb. Doch die Zeiten des Bergbaus sind längst vorüber. Selbst in dem berühmtesten und bedeutendsten Schacht des Ortes mußte die Erzförderung im Jahre 1910 eingestellt werden. Glücklicherweise blieb die einzigartige Förderanlage und Fahrkunst der Grube Samson bis heute als Museum erhalten. Gleich nebenan sind eine sogenannte Köte, in der einst die Köhlermeister, Knechte und Köhlerjungen vom Frühjahr bis zum Herbst untergebracht waren, sowie ein Meiler zu sehen. Die hier hergestellte Holzkohle wurde für die Metallgewinnung gebraucht.

Ein stolzes Bauwerk muß diese Klosterkirche einst gewesen sein, wenn selbst ihre Ruine noch so erhaben wirkt! Zwischen 1210 und 1290, zur Blütezeit des 1129 gegründeten Zisterzienserklosters von Walkenried, wurde hier eine gotische Kirche von gewaltigen Ausmaßen erbaut: 92 Meter lang war die dreischiffige Basilika, ihr zweischiffiges Querhaus erreichte eine Ausdehnung von 43 Metern. Doch was wie für die Ewigkeit geschaffen schien, hielt den Stürmen der Zeit nicht stand. Im Bauernkrieg geplündert und beschädigt, verfiel die Kirche nach der Reformation immer mehr und wurde zeitweise sogar als Steinbruch genutzt. Erhalten blieben nur Teile der Konventsgebäude.

Es gibt in Deutschland nur wenige Städte mit einer so reichen geschichtlichen und kulturellen Tradition wie Goslar. Die Stadt am Nordrand des Harzes hat in ihrer langen Geschichte meistens ein glückliches Schicksal gehabt. Reichtum wuchs ihr durch die Silber- und Erzvorkommen zu, die aus dem Rammelsberg zutage gefördert wurden. Das Roß des Ritters Ramm soll, wie die Sage berichtet, beim Scharren mit dem Huf auf glänzendes Metall gestoßen sein, das sich als Silberader erwies.

Schon wenige Jahrzehnte nachdem Heinrich I. Goslar gegründet hatte, ließ sein Sohn und Nachfolger, Kaiser Otto I., das edle Metall fördern. Aus Silber wurden Münzen, und das Geld wurde Macht. So waren für Goslar die Weichen für eine glanzvolle Zukunft gestellt, die sich noch heute im Stadtbild eindrucksvoll widerspiegelt. In den Jahren zwischen 1005 und 1015 ließ Heinrich II. hier eine Kaiserpfalz erbauen, in der bereits 1009 die erste Reichsversammlung einberufen wurde.

Was genau ist eigentlich eine Pfalz? Der Name wird aus dem lateinischen „Palatium" (= Palast) hergeleitet. Einen Palast als feste Residenz hatten die mittelalterlichen Herrscher jedoch nicht. Da sie ihr Herrschaftsgebiet ständig bereisten, waren ihre Pfalzen vielmehr über das ganze Reich verstreut liegende Wohnstätten, die immer auch mit einem leistungsfähigen Gut verbunden sein mußten. Nicht nur der König, sondern auch sein umfangreicher Hofstaat mußte ja versorgt werden.

Die Goslarer Pfalz wurde im 11. Jahrhundert, u.a. durch die Errichtung der bis heute erhaltenen St.-Ulrich-Kapelle, stark erweitert, erlangte aber vor allem unter Friedrich Barbarossa (1152 – 1190) große Bedeutung, denn er hielt sich besonders häufig hier auf und berief auch zahlreiche Reichsversammlungen ein. Dadurch wurde Goslar in der zweiten Hälfte des 12. Jahrhunderts zum politischen Zentrum.

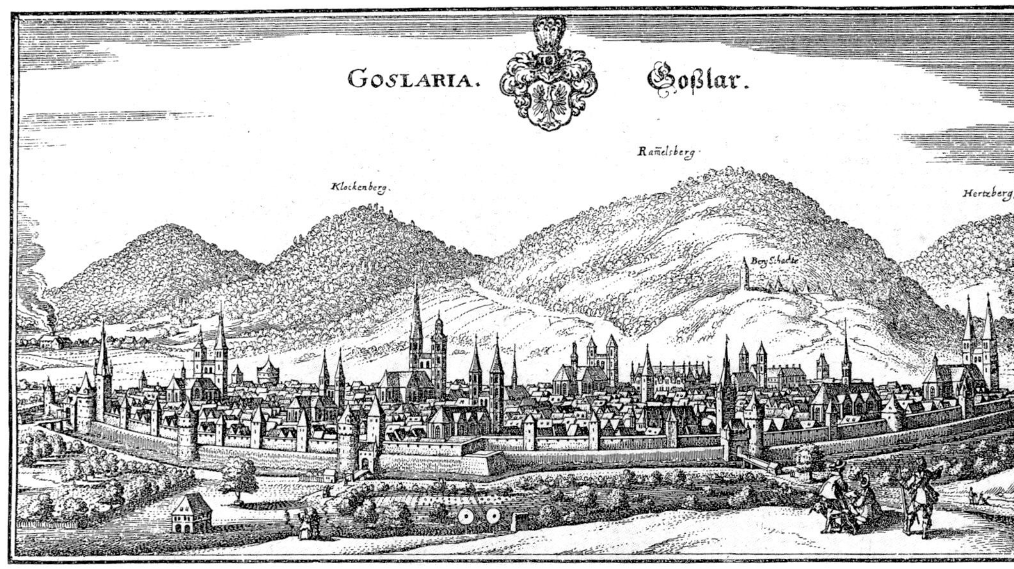

Nur 100 Jahre später war von diesem Glanz allerdings nicht mehr viel zu sehen: Nachdem die Kaiser, die andere Pfalzen bevorzugten, ausblieben, verfiel die Pfalz immer mehr. Im Jahre 1865 wäre der völlig heruntergekommene Gebäudekomplex sogar um ein Haar abgerissen worden. Doch noch ehe die Spitzhacke zum Zuge kam, erschien der preußische König Wilhelm I. vor Ort, um sich gemeinsam mit seinem Kronprinzen die Pfalz anzusehen: „Restaurieren statt abreißen!", befahlen die Majestäten. Während die Arbeiten, die knapp zehn Jahre in Anspruch nahmen, noch im Gange waren, wurde der Auftraggeber zum deutschen Kaiser gewählt (1871).

Daß es ihm in Goslar nicht allein um die „Rettung vaterländischer Altertümer" ging, läßt sich an dem Gemäldezyklus ablesen, mit dem der Historienmaler Hermann Wislicenus von 1879 bis 1897 die Wände des riesigen Wintersaals zierte: Umrahmt von Szenen aus der deutschen Geschichte, die Wislicenus mit großer, an Theaterdekorationen erinnernder Pracht und viel Pathos auf die Wand bannte, sind im riesigen Mittelbild die Sieger des deutsch-französischen Krieges von 1870/71 dargestellt: Kaiser Wilhelm I., Bismarck und die deutschen Heerführer. Das mittelalterliche Reich erscheint hier als Vorgeschichte des neuen, noch viel glanzvolleren deutschen Kaiserreichs. Damit das auch niemand übersieht, sind auf dem Vorplatz zwei große bronzene Reiterstandbilder aufgestellt worden: rechts Barbarossa und links „Wilhelm der Große", wie der frischgebackene Kaiser sich in schöner Bescheidenheit in der Sockelinschrift titulieren ließ.

Wenn wir nun die beiden kaiserlichen Reiter ihrem Schicksal überlassen und uns in nordwestliche Richtung wenden, erreichen wir schon bald den Markt, Goslars eigentliches Herzstück. Schon im 13. Jahrhundert wurde in der Mitte des Platzes der Brunnen aufgestellt, der mit einem vergoldeten flügelschlagenden Reichsadler, dem Symbol der Freien Reichsstadt, geziert ist. Auf der Südseite steht die Kaiserworth, ein reich geschmücktes gotisches Gebäude, das früher als Zunfthaus der Tuchhändler genutzt wurde und heute als Hotel dient.

Das schönste und bedeutendste Gebäude ist jedoch das mittelalterliche Rathaus, dessen Arkaden sich zum Markt hin öffnen. Im Obergeschoß befinden sich die als Ratssitzungssaal genutzte Diele und der berühmte Huldigungssaal. Die Wände und Decken dieses kostbaren Raumes

Nicht weniger als 47 Kirchen und Kapellen gab es im Mittelalter in der einstigen Kaiserstadt Goslar, deren stattliche Turmlandschaft auf diesem im Jahr 1645 entstandenen Kupferstich von Matthäus Merian zu sehen ist.

sind über und über mit Gemälden bedeckt, die im frühen 16. Jahrhundert entstanden sind und neben biblischen und antiken Szenen elf Kaisergestalten zeigen. Hinter einer der Bildtafeln befindet sich die 1506 geweihte Trinitatiskapelle mit der Darstellung des Jüngsten Gerichts.
Die Gemälde des Huldigungssaals sind zwar bis heute in ihrer ursprünglichen Farbigkeit zu sehen, ihre Erhaltung und Restaurierung stellt die Denkmalpfleger jedoch vor erhebliche Probleme. Eigentlich ist es fast ein Wunder, daß die empfindlichen Kunstwerke die Jahrhunderte so unbeschadet überdauern konnten. Wäre z.B. im Zweiten Weltkrieg eine Bombe auf das Rathaus gefallen, so könnten wir uns den Huldigungssaal nur noch auf historischen Bildern ansehen, denn eine sichere Auslagerung während des Krieges hatten die Stadtväter für überflüssig gehalten. Wahrscheinlich vertrauten sie auf das Glück, das Goslar in der Tat nur selten verlassen hat.
Sicher, im Mittelalter war Goslar bedeutender als heute. Damals gab es hier 47 Kirchen und Kapellen, und auch von der Pracht der kaiserlichen Hofhaltung fiel eine Menge für die Stadt ab. Aber auch wenn jetzt in Goslar nur noch fünf bedeutende Kirchen stehen und die politische Macht längst andernorts verwaltet wird, wirkt der einstige Ruhm bis heute nach. Jahr für Jahr zieht es unzählige Touristen in die legendäre Kaiserstadt, deren Sehenswürdigkeiten allerdings das Aufnahmevermögen der meisten Besucher überfordern.
Ein Kulturtourist namens Heinrich Heine machte in Goslar eine negative Erfahrung: „In Gotschalks ‚Handbuch' hatte ich von dem uralten Dom und von dem berühmten Kaiserstuhl zu Goslar viel gelesen", schreibt er im Jahre 1824 in seiner „Harzreise" und fügt enttäuscht hinzu: „Als ich aber beides sehen wollte, sagte man mir, der Dom sei niedergerissen und der Kaiserstuhl nach Berlin gebracht worden. Wir leben in einer bedeutungsschweren Zeit: tausendjährige Dome

werden abgebrochen und Kaiserstühle in die Rumpelkammer geworfen."
Heine hatte Pech, denn der 1056 geweihte Dom war erst 1819 bis 1822, also kurz vor Heines Goslar-Besuch, wegen Baufälligkeit abgerissen worden. Nur die Domvorhalle blieb erhalten, wo man heute auch den berühmten Kaiserstuhl aus dem 11. Jahrhundert bestaunen kann, der längst aus Berlin nach Goslar zurückgekehrt ist.
Bleiben wir zunächst noch ein wenig am Nordrand des Gebirges, wo wir schon nach wenigen Kilometern Richtung Osten Bad Harzburg erreichen. Die Stadt geht, der Name verrät es, auf eine Burg zurück, die 1065 als Hartesburg erbaut wurde, um die Goslarer Pfalz vor Feinden zu schützen. Als die Kaiserpfalz später ihre Bedeutung verlor, wurde auch die Burg überflüssig, und die kleine Siedlung, die ursprünglich „Neustadt unter der Harzburg" genannt wurde, bot ihren Bewohnern durch Forst- und Landwirtschaft nur ein kärgliches Auskommen. Das änderte sich jedoch, als im Jahre 1569 die erste Salzquelle entdeckt wurde.
Stolz verweisen die Harzburger darauf, daß schon Anfang des 19. Jahrhunderts hier die – angeblich – weltweit erste medizinische Bade-Einrichtung eröffnet wurde. Im 19. Jahrhundert mauserte sich der Ort zu einem der bekanntesten Kurbäder Deutschlands. Bald galt Bad Harzburg, wie der Ort seit 1892 offiziell heißt, als ein illustrer Treffpunkt des gesundheitsbewußten Geburts- und Geldadels. Auch heute noch sprudelt aus insgesamt sechs Quellen heilkräftiges Wasser, die Grundlage für den gediegenen Wohlstand des Kurbades, in dem die Gäste in zahlreichen komfortablen Pensionen und Hotels untergebracht werden können. Nordwestlich der Innenstadt liegt, von einem reizvollen Park umgeben, das im 17. Jahrhundert erbaute Schloß Bündheim, das wie der Radau-Wasserfall oder die auf dem 483 Meter hohen Burgberg gelegene alte Ruine der Hartesburg zu schönen Spaziergängen einlädt.
Ein Abstecher gen Osten führt uns nach Ilsenburg, einem hübschen Städtchen am Ausgang des Ilsetals. Im Jahre 998 hatte Otto III. dem Halberstädter Bischof die schon länger bestehende Burganlage zum Geschenk gemacht. Der Bischof baute hier anschließend ein Kloster auf, das später säkularisiert wurde und dessen im Kern romanische Kirche heute zu den wichtigsten Sehenswürdigkeiten Ilsenburgs gehört. Von hohem künstlerischem Rang sind die Säulen im Refektorium mit ihren wunderbar verzierten Schäften und Kapitellen.
Wer weiter auf der „Straße der Romanik" wandeln will, hat es nicht weit bis zum Kloster Drübeck. Das frühere Benediktiner-Nonnenkloster St. Viti gehört neben der Gernröder Stiftskirche zu den bedeutendsten und eindrucksvollsten Sakralbauten aus ottonischer Zeit.
Wir verlassen Ilsenburg jedoch in südwestlicher Richtung und wandern durch das romantische Ilsetal dem Brocken entgegen, stets begleitet vom munteren Plätschern des Gebirgsbaches. Wie dieser Bach zu seinem Namen kam, erzählt eine Sage: Als die Sintflut über die Menschheit kam, flohen zwei Liebende vor den ansteigenden Fluten dem Brocken zu. Bevor sie jedoch den rettenden Berg erreichen konnten, wurden sie von den Fluten verschlungen. Die Jungfrau, bei der es sich um Prinzessin Ilse handelte, fand sich auf wunderbare Weise später im Ilsenstein, einem Felsen am Rande des Tals, wieder.
Seither verläßt sie allmorgendlich ihre steinerne Wohnstätte, um sich in dem Bächlein, das ihren Namen trägt,

Der Huldigungssaal im Goslarer Rathaus ist mit prächtigen Gemälden aus dem frühen 16. Jahrhundert ausgestattet, die in ihrer ursprünglichen Farbigkeit erhalten geblieben sind. Sie zeigen biblische und antike Szenen sowie elf Kaiserpersönlichkeiten.

zu baden. Leider ist es nur selten einem Menschen vergönnt, sie dabei zu beobachten. Wem dies dennoch gelingt, der wird von Prinzessin Ilse auf ihr Schloß geführt und, köstlich bewirtet und fürstlich beschenkt, wieder entlassen. Diese sympathische Fee hat immer wieder Dichter, wie den dänischen Märchenerzähler Hans Christian Andersen oder Heinrich Heine, fasziniert und angeregt. Beim Spaziergang auf dem Heinrich-Heine-Wanderweg, der bis zum Brocken hinaufführt, kann man unter dichtem Blätterwald wandeln, dem Murmeln der Ilse lauschen und auf Tafeln einzelne Passagen aus Heines „Harzreise" lesen. Zum Beispiel:
„Es ist unbeschreibbar, mit welcher Fröhlichkeit, Naivität und Anmut die Ilse sich hinunterstürzt über die abenteuerlich gebildeten Felsstücke, die sie in ihrem Lauf findet, so daß das Wasser hier wild emporzischt und schäumend überläuft, dort aus allerlei Steinspalten, wie aus vollen Gießkannen, in reinen Bögen sich ergießt, und unten wieder über die kleinen Steine hintrippelt, wie ein munteres Mädchen. Ja, die Sage ist wahr, die Ilse ist eine Prinzessin, die lachend und blühend den Berg hinabläuft", schreibt Heine – und meint schon bald darauf die Stimme des holden Mädchens zu hören:

Ich bin die Prinzessin Ilse,
Und wohne im Ilsenstein;
Komm mit nach meinem Schlosse,
Wir wollen selig sein.

Doch überlassen wir den Dichter nun seinen Sehnsüchten und kehren zurück nach Ilsenburg. Dem Brocken wollen wir uns erst später, von anderer Seite aus nähern. Wir fahren zurück über Bad Harzburg in Richtung Goslar, doch kurz zuvor biegen wir in Oker nach Süden ab und erreichen

Jahr für Jahr findet am Pfingstmontag am Polsterberger Hubhaus bei Altenau das größte Harzer Folklorefest statt, auf dem sich alle Heimatvereine treffen. Wie in alten Zeiten messen sich hier die Holzfäller im Wettkampf. Auch viele der Zuschauer tragen traditionelle Trachten.

bald das Okertal. Plötzlich werden wir von einer höchst seltsamen Szenerie überrascht: Links ergießt sich der 64 Meter hohe Romkerhaller Wasserfall, der angeblich von König Georg V. von Hannover künstlich angelegt wurde, weil der blinde Herrscher sich am Geräusch des plätschernden Wassers zu erquicken wünschte. Gegenüber stehen ein verschnörkeltes Fachwerkhaus mit dem Hinweis „Königreich zu Romkerhall", davor ein Schilderhaus, die sächsische Flagge, das kursächsische Wappen und allerlei Ritterrüstungen.
So weit kann es kommen, wenn findige Gastronomen und Fremdenverkehrsstrategen mit dem landlosen Hochadel ins Geschäft kommen: Das „Königreich" war nämlich ursprünglich ein Jagdhaus des Hannoverschen Königs, der die 5000 Quadratmeter große Domäne im Jahre 1892 an seinen sächsischen Kollegen abtrat. Als 1987 herauskam, daß dieses Areal bei der letzten Gebietsreform vergessen und keiner Gemeinde zugeteilt worden war, restituierte der Hotelbetreiber einfach die Monarchie, indem er eine leibhaftige Sachsenprinzessin aufbot. Am 11. Dezember 1987 inthronisierte er im „Königreichsaal" Erina Prinzessin von Sachsen als Königin von Romkerhall. Aus einem mit allerlei Monarcho-Kitsch bestückten Hotel wurde so „das kleinste Königreich der Welt" und ein begehrtes Ziel für Kaffeefahrten.

Am Westufer des Oker-Stausees, einer großen Talsperre, führt der Weg nach Altenau. Die kleine Stadt, die sich über fünf Täler erstreckt, ist ein beliebter Wintersportort und ein idealer Ausgangspunkt für Wanderungen. Am 9. Dezember 1777 ritt hier hoch zu Roß ein prominenter Besucher ein: Johann Wolfgang von Goethe bezog im Rathaus Quartier. Er ging schon früh zu Bett, denn für den folgenden Tag hatte er sich eine Menge vorgenommen: die Besteigung des Brocken. Noch vor Sonnenaufgang saß er wieder im Sattel und erreichte etwas später die eingeschneite Försterei von Torfhaus. Der Förster, den Goethe beim Morgenkaffee antraf, versicherte ihm, daß es in Anbetracht des Nebels zur Zeit ganz unmöglich sei, den Brocken zu besteigen – ein Argument, das der Geheimrat so kurz vor dem ersehnten Ziel nicht gelten lassen wollte. Während der Dichter noch enttäuscht am Tisch saß, ging der Förster zum Fenster und stellte verwundert fest, daß sich die Nebel verzogen hatten. „Ich trat ans Fenster", schrieb Goethe tags darauf noch immer euphorisch an Charlotte v. Stein, „und er lag vor mir klar wie mein Gesicht im Spiegel, da ging mir das Herz auf und ich rief: Und ich sollte nicht hinaufkommen! haben Sie keinen Knecht, niemanden – Und er sagte, ich will mit Ihnen gehn."
Viel hat sich seit Goethes Zeit hier verändert. An der Stelle der alten Försterei steht heute ein Hotel, daneben befindet sich ein großer Parkplatz mit Kiosken, in denen neben Currywurst und Pommes alle denkbaren Harz- und Brockensouvenirs feilgeboten werden. 250 Meter hoch ragen zwei Sendemasten wie gigantische Mikadostäbe rot-weiß in den Himmel. Direkt an dem früher so einsamen Ort führt heute die vielbefahrene Bundesstraße 4 vorbei. Geblieben ist der unverstellte Blick auf den Brocken. Was fasziniert uns so an diesem Berg, außer der Tatsache, daß er mit 1142 Metern über Null die größte Erhebung des Harzes ist?

Er besitzt keine eindrucksvolle Gestalt, die majestätisch die umliegenden Gipfel beherrschen würde. Ganz sanft und unspektakulär, eher ein bißchen langweilig, wölbt er sich in die Höhe bis hin zur unter Kahlköpfigkeit leidenden Kuppe. Doch es besteht kein Zweifel: Dieser Berg birgt ein Geheimnis. Er hat einen Zauber, dem sich zwar nachspüren läßt, dessen tiefster Grund sich aber unserer Neugier verschließt.
Als Goethe am 10. Dezember 1777 von Torfhaus aus mit dem Förster den acht Kilometer langen Aufstieg wagte, war dies noch ein Weg voller Gefahren. Nur der kundige Führer konnte den Pfad durch die dichten Fichtenwälder, vorbei an gewaltigen Granitblöcken, finden und die gefährlichen Moore sicher umgehen. Die Natur war hier noch von ganz ursprünglicher Kraft und Wildheit, der sich der Mensch unterzuordnen und anzupassen hatte.
Unter dem Namen mons bructerus war der Brocken schon den Römern bekannt. Daraus wurde der Blocksberg/Brokkensberg, um dessen Kuppe sich bald ein dichter Kranz von Sagen und Mythen legte: In einem Lübecker Beichtbuch aus dem Jahre 1485 ist die drohende, an eine vermeintliche Hexe gerichtete Frage vermerkt: „Hast Du gelobt (...), daß du reitest zu dem Blocksberge auf der Ofenbank?" 1540 gestand eine gewisse Grete Woystes aus Elbingerode, daß sie „in Walpurgen nacht auf den Brocken zu fahren" sei. Da ist es also gefallen, das Stichwort „Walpurgis", das sich untrennbar mit dem Brocken verbindet. In der Nacht zum 1. Mai, so raunt seit Jahrhunderten die Sage, sollen Hexen von überallher auf Besen, Ziegenböcken, Katzen und Hunden durch die Lüfte zum Brocken rasen, um auf der weitläufigen Kuppe im Schein lodernder Feuer eine ekstatische Orgie voller Rausch und Wollust zu feiern.

Im Jahr 1736 wurde das noch heute erhaltene Wolkenhäuschen als erstes Gebäude auf dem Brockengipfel errichtet. In späterer Zeit entstanden verschiedene andere Häuser, die den Gipfelbesteigern Unterkunft und Verpflegung boten. Dieser Stahlstich zeigt das Brockenhaus im Jahre 1840.

Ganz in der Nähe, nämlich auf dem Hexentanzplatz über dem Bodetal, findet zur gleichen Zeit eine Konkurrenzveranstaltung statt, doch welche Walpurgis die großartigste ist, scheint unter den leibhaftigen Hexen wohl ebenso umstritten zu sein, wie zwischen den Einwohnern von Schierke, Braunlage, Elend, Bad Grund und anderen Harzstädten, die zu Walpurgis ihre Straßen, Häuser und Gärten mit lebensgroßen Teufels- und Hexenpuppen schmücken und ihren eigenen Hexensabbat feiern. Auf dem Brocken selbst darf allerdings heute nicht mehr gefeiert werden, da der Berg Teil des Naturschutzgebietes ist.
Goethe, der den Gipfel des Brocken an jenem Dezembertag des Jahres 1777 völlig erschöpft erreicht hatte, war von der Atmosphäre des Berges so fasziniert, daß er sich hier für seine berühmte Walpurgisnacht-Szene im „Faust" anregen ließ. Aber Goethe war nur einer unter vielen Dichtern, die dem Ruf des Berges nicht widerstehen konnten: Hans Christian Andersen und Heinrich Heine, Joseph v. Eichendorff und Theodor Fontane kamen und waren tief beeindruckt. Spätestens mit der Eröffnung der Brockenbahn, als man den Berg auch in Stöckelschuhen und Abendgarderobe bezwingen konnte, war jedoch aus dem Sehnsuchtsberg der Romantiker ein Hort des Massentourismus geworden.
Als die DDR den Eisernen Vorhang dicht zuzog, wurde der Brocken wieder unzugänglich. Entrückt lag er – für Ostdeutsche wie Westdeutsche gleichermaßen unerreichbar – fast drei Jahrzehnte lang im Nebel des Kalten Krieges. In dieser Zeit montierten ostdeutsche und sowjetische Geheimdienstexperten gigantische Abhörkuppeln auf den Gipfel, die sogar von einer Miniaturausgabe der Berliner Mauer umgeben wurden.
Nachdem jedoch im Herbst 1989 das Berliner Original gefallen war, gab es auch am Brocken kein Halten mehr. Im Spätherbst stürmten Demonstranten aus Schierke und anderen Ortschaften auf den Berg hinauf. Die Militärs wichen zurück, auch hier fiel die Mauer. Im Jahre 1991 wurde die Brockenbahn wieder in Betrieb genommen – seither kommen die Menschen tagaus, tagein in Massen.
Hans Christian Andersen, der den Berg im Frühjahr 1831 von Ilsenburg aus erklomm, war fasziniert von der einzigartigen Aussicht, die ihm wie ein vielgestaltiges Gemälde vorkam: „Wir sahen deutlich Magdeburg mit seinen Türmen, Halberstadt und Quedlinburg, die Türme der großen Domkirche zu Erfurt, die Bergschlössern gleichen, und die Wilhelmshöhe bei Kassel, außer einer Menge kleiner Städte und Flecken", notierte er. Soviel Glück wie der Däne haben die heutigen Besucher allerdings nur selten, denn etwa 300 Tage des Jahres liegt der Brocken im Nebel. Die meisten kommen jedoch nicht nur wegen der berühmten Fernsicht, wahrscheinlich wollen sie einfach hier gewesen sein, auf diesem so lange verbotenen Berg, der tatsächlich zum Schicksalsberg der Deutschen wurde.

Hotel

Der Markt ist klein, in der Mitte steht ein Springbrunnen, dessen Wasser sich in ein großes Metallbecken ergießt. Bei Feuersbrünsten wird einige Male daran geschlagen; es gibt dann einen weitschallenden Ton." Offenbar war Heinrich Heine, der diese nüchternen Zeilen schrieb, vom Goslarer Markt nicht sonderlich beeindruckt. Darin unterscheidet sich der Dichter allerdings von den meisten Besuchern der Stadt, die Tag für Tag fasziniert das Marktensemble betrachten. Das im Jahr 1494 errichtete Gildehaus der Gewandschneider (links) wurde im 18. Jahrhundert mit hölzernen Kaiserfiguren geschmückt und heißt daher Kaiserworth. Die spätgotische Marktfassade des Rathauses stammt aus dem Jahre 1450. Dahinter verbirgt sich im ersten Stock der berühmte Huldigungssaal.

Es lohnt sich, mit Zeit und Muße durch die engen Straßen und Gassen der einstigen Kaiserstadt Goslar zu schlendern. Immer wieder wird man steinernen Zeugen aus mittelalterlicher Zeit begegnen. Besonders schön sind die reichverzierten und von ihren Bewohnern mit Blumen geschmückten Fachwerkhäuser, die das Stadtbild prägen. Unsere Abbildung zeigt das ehemalige Haus der Tuchmacher und Weber.

6

Vorbei an der Feigenbaumsklippe, der Mausefalle und der Hexenküche führt der Weg von Romkerhalle zu den Kästeklippen. Der Aufstieg zu dieser bizarr geformten Felsformation ist zwar durchaus beschwerlich, das Panorama ist dafür grandios: Weit schweift der Blick hinab in die Landschaft des Okertals.

In dieser Stimmung sah er den Brocken zum ersten Mal: Es war tiefer Winter, wie auf diesem Bild, als Johann Wolfgang von Goethe am Morgen des 10. Dezember 1777 von Torfhaus aus zum Brocken aufbrach. Der Weg, den der Dichter in Begleitung des Försters des Ortes ging, war damals noch gefahrvoll und unberechenbar. Heute ist der acht Kilometer lange und gut ausgeschilderte Goethe-Weg ein bei vielen Wanderern besonders beliebter Brockenaufstieg.

Hart am nordwestlichen Rand des Harzes liegt die Stadt Seesen, die zu den ältesten Siedlungen der Region zählt. Der Ort entwickelte sich im Schatten der Sehusaburg, die im Jahre 974 erstmalig erwähnt wurde. Aus der mittelalterlichen Wasserburg entstand ein Renaissanceschloß, das – im 19. Jahrhundert erweitert – seit langem städtischen Verwaltungsaufgaben dient. Zu den Schönheiten der von reizvoller Mittelgebirgslandschaft umgebenen Stadt gehörten auch die St. Andreaskirche sowie das frühere Jagdschloß, ein barocker Fachwerkbau, in dem sich heute das Heimatmuseum befindet. Hier wird u. a. an zwei große Bürger der kleinen Stadt erinnert: an den Komponisten Louis Spohr und den Klavierbauer Heinrich Engelhard Steinweg, der 1850 mit seiner Familie in die USA auswanderte und dessen Instrumente unter dem Firmennamen Steinway & Sons weltberühmt wurden.

Nur wenige Kilometer weiter südöstlich liegt Lauthental. Der heute reichlich 2000 Einwohner zählende Ort war früher eine der sieben freien Oberharzer Bergstädte. Vom gefahrvollen und harten Alltag der Harzer Bergleute kann man sich im Bergbaumuseum ein anschauliches Bild machen. „Lauthentals Glück“ heißt das alte, längst stillgelegte Gold- und Silberbergwerk, dessen Wahrzeichen, das Holzrad der ehemaligen Förderanlage, nicht zu übersehen ist.

Setzen wir uns nun in einen der engen Wagen der Grubenbahn und fahren ein in die Tiefe des Berges. Unter Tage wurde die Bergwerksanlage weitgehend im Originalzustand belassen. Bis zu 260 Meter tief fährt die Grubenbahn durch dunkle Schächte, die in mühevoller Arbeit von den Bergleuten durch das Gestein getrieben

wurden. Wir besuchen auch die Bergwerkskapelle, den am tiefsten gelegenen Sakralraum Deutschlands, in dem sich auch heute noch Bergleute trauen lassen.

Glücklich ans Tageslicht zurückgekehrt, fahren wir weiter nach Hahnenklee. In diesem kleinen, westlich des Bocksberges gelegenen Kurort steht eine malerische Holzkirche von ungewöhnlicher Architektur. Vieles an diesem Bauwerk, das 1907/08 von dem Architekten Karl Mohrmann erbaut wurde, erinnert an die Kultur und Lebensweise der Wikinger: Der Kronleuchter hat die Form eines Steuerrades, allenthalben finden wir Sonnenräder, Drachenköpfe und Formen, die dem Bootsbau entlehnt sind. Kein Wunder, denn die Kirche wurde im norwegischen Stab-Stil erbaut, für den all diese Formen charakteristisch sind. In Norwegen findet man allerorts Kirchen dieser Bauart, im restlichen Europa jedoch nur in Krummhübel im polnischen Riesengebirge und eben hier in Hahnenklee. Von der Stabkirche führt ein gut ausgebauter Wanderweg durch dichten Nadelwald, vorbei an mehreren künstlichen Teichen, hinauf auf den 730 Meter hohen Bocksberg. Wer es bequemer haben will, kann mit dem Kabinenlift fahren. Die Aussicht bis weit über das nordwestliche Harzvorland lohnt in jedem Falle.

Südöstlich von Hahnenklee liegt Clausthal-Zellerfeld. Die aus den Ortsteilen Clausthal und Zellerfeld bestehende Stadt hat seit Jahrhunderten für den Oberharz große Bedeutung. Hier wurde nicht nur Bergbau betrieben, hier befand sich das Oberbergamt und mit der 1775 gegründeten Bergakademie, die 1968 zur Universität erweitert wurde, auch eine bedeutende Ausbildungsstätte. Eines der schönsten Bauwerke beherbergt die Bergapotheke. Der zweigeschossige Fachwerkbau am Markt wurde im Jahre 1674 erbaut. Besonders kostbar sind die Stuckreliefs im Inneren,

Der Turm der 1659 geweihten evangelischen Paul-Gerhardt-Kirche ragt hoch über die schmucken Fachwerkhäuser der alten Oberharzer Bergstadt Lautenthal, an deren Vergangenheit noch das Niedersächsische Bergbaumuseum erinnert. Heute ist Lautenthal ein beliebter Luftkurort.

welche Motive aus der Passionsgeschichte und aus der antiken Mythologie zeigen. Das eindrucksvollste und berühmteste Bauwerk der Stadt ist die Marktkirche Zum Heiligen Geist. Mit etwa 2200 Sitzplätzen gilt sie als Deutschlands größter hölzerner Sakralbau. Die Kirche wurde von 1636 bis 1642 aus Fichtenstämmen, einem in der Umgebung reichlich vorhandenen Material, erbaut. Überwältigend ist im Inneren die Wirkung des prachtvollen barocken Altars, hinter dem sich der geschnitzte Orgelprospekt befindet. Überaus kunstvoll gearbeitet ist auch die hölzerne Kanzel aus dem Jahre 1642, über der ein kronenartiger, mit Apostel-Statuetten geschmückter Schalldeckel zu schweben scheint.

Die hölzerne Gustav-Adolf-Kirche ist das Wahrzeichen von Hahnenklee. Der Architekt Karl Mohrmann hatte sie in den Jahren 1907/08 im Stil der norwegischen Stabkirchen erbaut.

Clausthal-Zellerfeld bietet auch eine gute Möglichkeit, sich über das Montan- und Hüttenwesen des Harzes zu informieren. Im Oberharzer Bergwerksmuseum wird anhand von Modellen die Förderung und auch die Verarbeitung der geförderten Erze veranschaulicht. Man sieht formschönes Kupfer- und Zinngeschirr sowie im Ort geprägte Münzen. Zum Museum gehört auch ein ehemaliger Schacht sowie eine Anlage zur Erzaufbereitung.

Auch Bad Grund, die älteste der Oberharzer Bergstädte, hat ein interessantes Bergbaumuseum, das sich auf dem Gelände eines stillgelegten Schachtes befindet. Berühmter sind aber die nördlich der Stadt gelegenen Tropfsteinhöhlen, die sich im Inneren des 563 Meter hohen Ibergs befinden. Schon im 16. Jahrhundert waren diese unterirdischen Höhlen mit ihren phantastischen Tropfsteingebilden bekannt, seit dem Jahre 1874 sind sie der Öffentlichkeit zugänglich. Viele der Stalaktiten und Stalakmiten erinnern in ihrer Form an menschliche Wesen, die die Phantasie der Betrachter schnell in Verbindung mit dem Personal der Harzer Sagen brachte: Vom Scheinwerfer zum Leben erweckt, findet man den „Wilden Mann" oder den „König Hübich".

Ein Blick in die reich ausgestattete Marktkirche Zum Heiligen Geist in Clausthal, die von 1636 bis 1642 aus Fichtenstämmen erbaut wurde. Altar und Kanzel, die mit zahlreichen Holzplastiken geschmückt sind, verleihen dem Raum ein prachtvolles Gepräge. Die Heilig-Geist-Kirche ist der größte hölzerne Sakralbau Deutschlands.

Dabei hat letzterer hier in der Höhle gar nichts zu suchen, denn das Zauberschloß des Zwergenkönigs Hübich steht der Sage nach unterhalb des bizarr geformten Hübichsteins. Der Bronzeadler, der auf dem Gipfel dieses Felsens aufgestellt wurde, erinnert aber nicht an den Zwergenkönig, sondern an den deutschen Kaiser Wilhelm I. Die Stadt selbst kommt ohne solche patriotischen Symbole aus, hier wird nicht mehr dem Kaiser, sondern vor allem der Gesundheit gehuldigt, wofür sich z. B. die traditionelle Moortherapie bestens eignet.

Über fünf Täler erstreckt sich das am Westrand des Harzes gelegene Bad Grund. Der 1317 erstmals als Waldarbeitersiedlung urkundlich erwähnte Ort gehörte später zu den sieben Oberharzer Bergstädten und ist heute ein beliebtes Moorheilbad.

Vom Kurhaus, dessen historischer Teil durch eine futuristisch anmutende Glaskonstruktion erweitert wurde, führt unser Spaziergang weiter ins Tal, vorbei an aufgeputzten Fachwerkhäusern und der weiß leuchtenden St. Antoniuskirche.

Bad Grund liegt nicht in einem, sondern in fünf Tälern. Ringsum steigen die von dichten Mischwäldern und saftigen Wiesen bewachsenen Hänge steil an. Wenn wir den Ort verlassen haben, führt die Straße in zahlreichen Windungen stetig bergab. Schon jenseits des eigentlichen Gebirgsmassivs erreichen wir Osterode.

Fachwerkhäuser finden wir auch hier, aber die Stadt ist viel größer und auch großzügiger als die Kurorte in den Bergen. Osterode gilt als das „Tor zum Südharz“, denn von hier aus kann man viele Wanderungen und Ausflüge unternehmen. Doch die Stadt ist mehr als ein Tor, sie lädt nachdrücklich zum Verweilen ein. Zu Füßen des gewaltigen Turmes der St. Aegidienkirche bildet der geräumige Kornmarkt das Zentrum der Stadt. Begrenzt wird er durch bunte Fachwerkhäuser, zu denen auch das im Jahre 1610 im Renaissancestil erbaute Rinnesche Haus gehört. Das Rathaus sucht man hier jedoch vergebens, es steht nicht am Markt, sondern am Ausgang einer Gasse, nur einen Steinwurf von St. Aegidien entfernt. Das 1545 erbaute Haus besticht vor allem durch seine formschöne Schaufassade. Erstaunlich viel ist noch von der alten Befestigungsanlage erhalten, die den historischen Stadtkern fast vollständig umschließt. Die Marienkirche, die im 15. Jahrhundert erbaut wurde und zu den wichtigsten Sehenswürdigkeiten Osterodes gehört, liegt allerdings jenseits der Stadtmauer in der Marienvorstadt. Von hier aus ist es auch nicht mehr weit zur Stadthalle, die von einem gepflegten Kurpark umgeben ist.

Wie Osterode liegt auch Herzberg an der Westseite, der „Sonnenseite“, des Harzes. Schon von weitem sehen wir den Turm des Welfenschlosses, das der Legende nach seit fast einem Jahrtausend über der Stadt thront und zu ihrem Wahrzeichen geworden ist. Im Jahre 1029 soll auf diesem Berg schon ein Jagdschloß gestanden haben, zuverlässige Nachrichten sind allerdings erst aus der Mitte des 12. Jahrhunderts überliefert, als Heinrich der Löwe daraus eine Burg machte.
1617 zog Herzog Georg, der Begründer des Hauses Hannover, nach Herzberg und richtete hier seine Residenz ein. Noch bevor er 1636 seinen Regierungssitz nach Hannover verlegte, wurden seine vier Söhne auf dem Herzberger Schloß geboren. Einer davon, Ernst August, wurde später der erste Kurfürst aus dem Hannoverschen Haus, und sein Sohn Georg brachte es 1714 durch günstige Heirat sogar zum König von England. Das Welfenschloß, in dem sich seit 1985 ein Kulturzentrum mit Konzertsaal, Museums-, Ausstellungsräumen und einem Restaurant befindet, ist ein Gebäudekomplex, der sich um einen großen Innenhof gruppiert. Der älteste, weitgehend noch mittelalterliche Teil befindet sich auf der Westseite. Die reich geschmückte Fachwerkarchitektur, die dem Schloß sein besonderes Gepräge verleiht, entstand größtenteils im 16. Jahrhundert. Besonders schön ist der reichgeschmückte Uhrenturm, der von einer kupfernen Welschen Haube mit offener Laterne bekrönt wird.
Auch unten in der Stadt findet man viele reizvolle Fachwerkhäuser, doch Herzberg ist keineswegs immer ein Idyll gewesen: Da die Stadt keine wirksame Befestigungsanlage hatte, wurde sie immer wieder geplündert und gebrandschatzt. Noch im 19. Jahrhundert war Herzberg so verarmt, daß die öffentliche Verwaltung die Einwohner nur durch Lebensmittelspenden vor dem Hungertod bewahren konnte. Heute hat die Stadt als Standort für Kleinindustrie und Gewerbe, vor allem aber für den Fremdenverkehr, Bedeutung.
Zu den Ausflugszielen, die sich von Herzberg aus leicht erreichen lassen, gehört Scharzfeld, ein kleiner Ort mit einer langen Geschichte. Vom Dorf aus führt ein Weg unter der Bundesstraße 243 hindurch auf felsiges Terrain. Nach wenigen hundert Metern erreicht man die ein wenig versteckt gelegene Steinkirche. Sie sieht nicht aus wie eine Kirche, und es ist nicht einmal gewiß, ob sie jemals als Kirche genutzt wurde. Etwa 30 Meter ragt eine Höhle mit etwa fünf Metern Breite und bis zu acht Metern Höhe in den Fels hinein. Bereits in der Eiszeit diente dieser Hohlraum Menschen als Unterschlupf und Behausung und später wohl auch als Kultstätte. Ein Loch in der Decke läßt im hinteren Teil der Höhle einen Strahl Tageslicht eindringen, was der Steinkirche bei günstigen Lichtverhältnissen eine beinahe mystische Raumstimmung verleiht.
Angeblich soll Bonifatius, der Apostel der Deutschen, im 8. Jahrhundert den heidnischen Tempel zu einer christlichen Kirche geweiht haben. Belegen läßt sich dies allerdings nicht. Mit ein wenig gutem Willen und Phantasie kann man jedoch im Gestein einen Altar und eine Kanzel entdecken.
Ähnlich geheimnisumwittert ist auch die Einhornhöhle, etwa zwei Kilometer nördlich von Scharzfeld. Hierbei handelt es sich um eine Tropfsteingrotte, in der Knochen gefunden wurden, die Experten lange Zeit dem sagenhaften Einhorn zuschrieben. Dieses pferdeähnliche Tier mit spitzem, gedrehtem Horn auf der Mitte der Stirn gibt es jedoch nur in der Fabelwelt. Die Scharzfelder Knochen, denen die Höhle ihren Namen verdankt, gehörten Ur-Tieren, die heute ausgestorben sind.
Historisch faßbarer ist dagegen die Burgruine Scharzfeld, die nördlich des Ortes auf einem Dolomitfelsen steht. Im Jahre 952 wurde sie erstmals als Residenz der Grafen von Scharzfeld erwähnt. Im Laufe der Jahrhunderte wechselte sie häufig den Besitzer, im Dreißigjährigen Krieg war sie Garnison und Gefängnis. Ein Jahrhundert später, im Siebenjährigen Krieg, wurde sie von den Preußen gegen französische Truppen verteidigt, die sie 1761 schließlich doch einnahmen und zerstörten. Aber auch die Reste dieser einst gewaltigen Anlage beeindrucken den Besucher, der von hier aus einen hervorragenden Blick auf die Umgebung genießen kann.

Die Marktkirche Zum Heiligen Geist in Clausthal wurde im Jahr 1642 geweiht. Besonders markant sind die beiden Türme. Der eigentliche Westturm hat eine Welsche Haube, der ebenfalls mit einer Laterne versehene Dachreiter dient als Uhrenturm. Die Kirche besteht aus einer Fachwerkkonstruktion, ist aber mit Bohlen verschalt. Mit ihren 2200 Sitzplätzen gilt sie als größter hölzerner Sakralbau Deutschlands.

Das Oberharzer Bergwerksmuseum in Clausthal-Zellerfeld führt uns anhand von originalen Werkzeugen, Maschinen und Vorrichtungen einer alten Schachtanlage jene Zeit vor Augen, in der Bergleute die Bodenschätze des Harzes unter Einsatz ihres Lebens zutage fördern mußten. Schon im 13. Jahrhundert begannen Mönche hier mit dem Bergbau, der jedoch erst nach der Erlangung der Bergfreiheit im 16. Jahrhundert richtig in Gang kam. Bald kamen auch auswärtige Bergleute nach Zellerfeld und Clausthal, denn dank der reichen Erzvorkommen gab es hier Arbeit genug. Berühmt wurde die im Jahr 1775 gegründete Bergakademie, aus der die Technische Hochschule hervorgegangen ist.

Ein Beispiel prachtvoller Fachwerkarchitektur ist der Uhrenturm des Herzberger Welfenschlosses. Die drei auf einem massiven Sockel stehenden Fachwerkgeschosse sind mit zahlreichen dekorativen Formen und Figuren geschmückt. Man sieht u. a. Tierköpfe, Masken, einen überlebensgroßen Ritter und einen Türken. Im dritten Geschoß sind zwei reichgeschmückte Uhren eingebaut, die von jeweils eigenen Werken angetrieben werden – was die exakte Zeitmessung mitunter nicht gerade leicht macht. Die kupferne Welsche Haube, von der der Turm bekrönt wird, prägt das Erscheinungsbild des Schlosses, in dem sich heute u. a. ein sehenswertes Zinnfiguren- und Forstmuseum befindet.

Die seltsamen Knochen, die man einst in dieser Höhle fand, wurden dem sagenumwobenen Einhorn zugeschrieben. Daher heißt die zwei Kilometer nördlich von Scharzfeld gelegene Grotte auch „Einhornhöhle". Der Name ist geblieben, auch wenn längst feststeht, daß das Einhorn nicht in diese zu Beginn der Eiszeit entstandene Höhle, sondern nach wie vor ins Reich der Fabel gehört: Die Knochen erwiesen sich bei genauerer Untersuchung als Überreste von Riesenhirschen, Höhlenbären und anderen urzeitlichen Tieren.

Hannover
Braunschweig
Magdeburg
Langelsheim
Goslar
Ilsenburg
Wernigerode
Huy
Halberstadt
Staßfurt
Bernburg
Bad Harzburg
Brocken
Regenstein
Quedlinburg
Aschersleben
Wolfshagen
Schulenberg
Blankenburg
Rhüden
Hahnenklee
Lautenthal
Torfhaus
Elbingerode
Thale
Seesen
Schierke
Gernrode
Ballenstedt
Alsleben
Rübeland
Wildemann
Altenau
Pansfelde
Sandersleben
Bad Gandersheim
Clausthal-Zellerfeld
Hasselfelde
Hettstedt
Braunlage
Harzgerode
Bad Grund
St. Andreasberg
Lerbach
Stiege
Güntersberge
Mansfeld
Hohegeiß
Königerode
Klostermansfeld
Benneckenstein
Osterode am Harz
Wippra
Lutherstadt Eisleben
Lonau
Zorge
Northeim
Wieda
Bad Lauterberg im Harz
Bad Sachsa
Ellrich
Ilfeld
Stolberg
Herzberg am Harz
Walkenried
Ebergötzen
Nordhausen
Sangerhausen
Duderstadt
Berga
Kelbra
Kyffhäuser
Allstedt
Querfurt
Teistungen
Bleicherode
Artern
Göttingen
Worbis
Sondershausen
Bad Frankenhausen
Heilbad Heiligenstadt